MONTMARTRE

LES LIEUX DE LÉGENDE

MONTMARTRE

OLIVIER RENAULT

LES LIEUX DE LÉGENDE

Ateliers
Bals & Cabarets
Cités d'artistes
Cafés

PARIGRAMME

Pour Christine

Sommaire

Une île des airs, capitale de Paris

La *bohème*... on connaît la chanson ; elle a fait le tour du monde en popularisant Montmartre comme le quartier de cet art de vivre – ou plutôt de cette façon de survivre en faisant de l'art. Certes, Henry Murger situe ses *Scènes de la vie de bohème* au Quartier latin, mais il habitait lui-même près de la Butte et les membres du Club des hydropathes ne furent pas longs à quitter la rive gauche pour grimper à Montmartre, dont ils contribuèrent à glorifier le nom. L'affaire n'a rien d'un mythe : de Van Gogh à Utrillo, le quartier fut vraiment, et plus qu'aucun autre, celui de la bohème. Sur ces hauteurs convergèrent deux ou trois générations d'artistes et d'écrivains qui firent grand bruit. Dans cette pléiade, quelques-uns verraient aujourd'hui leurs œuvres leur rapporter des millions mais leurs débuts – et parfois leurs fins – furent souvent difficiles, baignant dans la gêne ou la misère noire. Si Degas ou Bonnard ne connurent jamais la faim, d'autres, tels Max Jacob, Reverdy ou Van Dongen, l'éprouvèrent réellement. Tous ou presque souffrirent du froid et de l'insalubrité. Le Bateau-Lavoir, véritable centrale de la création artistique, n'était ni plus ni moins qu'un trou à rats habité et animé par des jeunes gens dont le génie ne fut pas la seule qualité. Tous témoignèrent d'une volonté de fer, d'une générosité hors norme et d'une capacité peu commune à se remettre en question : on parle rarement du courage fou des hommes et des femmes qui surent tout subordonner à leur œuvre. Romantisme ? Idéalisme ? Plutôt une foi intense dans le travail qui fut le sel même de leur vie.

Nuits de Montmartre

Toutefois, les artistes savaient aussi s'amuser. Le jeune Picasso passait ses nuits à boire avec sa bande d'amis, allait au cirque, vivait diverses expériences sexuelles ou hallucinogènes, tâtait même de l'opium. Certains fréquentaient plutôt les boulevards (Clichy et Rochechouart), leurs cabarets,

Les peintres Chervin et Gen Paul devant la « maison rose », rue de l'Abreuvoir.

leurs bals et leurs vastes cafés éclairés. D'autres préféraient les hauteurs de la Butte, là où le Tout-Paris s'aventurait moins volontiers, par peur du danger (les marlous et apaches y faisaient leur loi et la police s'ingéniait à arriver bien après les événements…) ou en raison des difficultés d'accès : les fiacres refusaient généralement d'emprunter ces rues pentues et mal pavées. L'arrivée du métro et de la fameuse ligne nord-sud (en 1911 pour la station Pigalle ; l'année suivante pour les autres stations jusqu'à Jules-Joffrin) facilita évidemment les communications. On se retrouva alors entre initiés au Lapin Agile, au Chalet, chez Azon ou Bouscarat. Si

beaucoup d'artistes endurèrent la faim, d'autres eurent du mal à étancher une inextinguible soif. La légende de Montmartre est aussi tissée des errances nocturnes alcoolisées de Modigliani et de son acolyte Utrillo… qui n'usurpa pas son surnom de Litrillo.

Vincent Van Gogh,
Le Moulin de la Galette, 1886.

L'âge d'or de la Butte

L'évocation d'un quartier chargé d'histoire, d'invention et de beauté peut vite tourner à la lamentation : le temps fuit, inexorablement, entraînant son lot de disparitions. « Je cherche l'atelier / Dont plus rien ne subsiste / Dans son nouveau décor / Montmartre semble triste / Et les lilas sont morts », dit la chanson. En cette matière comme en d'autres, nous sommes portés à croire que « c'était mieux avant » et enclins à remonter les âges et les générations en quête d'un âge d'or. Mais Lucien Jerphagnon[1] a montré que les Anciens eux aussi déploraient les temps nouveaux, destructeurs du « bon vieux temps ». Montmartre, qui a cristallisé tant de passions, d'émotions, de créations, n'échappe pas à la règle. En 1875 déjà, à l'époque où le quartier commence à rayonner, un journaliste du *Magasin pittoresque* se plaint du temps qui passe tout en admirant de beaux vestiges : « La butte Montmartre n'est plus ce qu'elle était jadis ; mais ce qui en reste est encore assez curieux pour mériter qu'on la visite. Située à quelques pas, pour ainsi dire, d'un des plus riches, des plus bruyants, des plus mondains quartiers de Paris, elle offre le spectacle d'un village modeste, tranquille et silencieux. On y voit des rues étroites et tortueuses, des maisons ou plutôt des masures comme on n'en trouverait plus que dans les plus petites villes de la province la plus reculée, des constructions en planches déjetées et disjointes, qui ne tiennent plus que par habitude. On y voit aussi des maisons de campagne qui se cachent dans la verdure comme des nids, et des jardins en terrasses qui s'étagent sur les pentes, enclos ou soutenus par de vieilles murailles à contreforts[2]. »

Une vingtaine d'années plus tard, Pierre Louÿs clame son éblouissement pour ce village bucolique non sans entrevoir sa transformation : « Nul autre hameau n'est situé de la sorte, comme une île des airs, au-dessus d'une tempête, et nulle part ailleurs le calme et les prés, nulle part la solitude n'ont, par opposition, cette suprême valeur. Ceci demeurera tant que la rue des Saules demeurera intacte. Le jour où elle sera envahie par les maisons de rapport, ce jour-là Montmartre disparaîtra, quels que soient d'ailleurs ses monuments si chers au Baedeker et à ses lecteurs[3]. » Et André Warnod, fils de la Butte et inlassable chroniqueur, se désole : « Dès 1920, dans son livre *Les Plaisirs*

Le cabaret du Lapin Agile, rue des Saules.

de la rue, le grand Montmartrois prétendait que la Butte était morte. Montparnasse tenait alors le haut du pavé artistique et les touristes devenaient déjà envahissants[4]. » Que ne pourrait-on dire aujourd'hui ! Et pourtant, il suffit de se promener dans ce village pour que la magie opère. Le lecteur en éprouvera l'intensité devant des lieux mythiques, tels le Bateau-Lavoir ou Au Lapin Agile, aussi bien qu'en empruntant des chemins de traverse pour découvrir d'autres sites qui ont fait la légende de Montmartre : la villa des Arts, rue Hégésippe-Moreau, rue Lepic devant l'atelier de Van Gogh, chez Courteline rue d'Orchampt ou l'atelier de Braque rue Simon-Dereure. On ne sait pas toujours qu'on passe devant des adresses où Picasso, Bonnard, Pascin, Carco, Modigliani, Bruant, Max Jacob, Marcel Aymé, Reverdy ou Céline ont peint, dessiné, écrit, chanté ou aimé.

Sur les pas des artistes

Le principe de cet ouvrage est de partir des lieux pour parler des gens. Des écrivains, des peintres, des gens de l'ombre aussi : tel marchand de couleurs s'improvisant galeriste, telle tenancière d'estaminet effaçant généreusement l'ardoise de génies affamés. Et l'évocation de quelques géants de la création conduit inéluctablement à celle des mouvements qu'ils ont portés – impressionnisme, nabi, fauvisme, cubisme, futurisme –, puissants marqueurs de l'histoire de l'art. Chacun sait que le patrimoine de Montmartre est d'une richesse extraordinaire. Il a donc bien fallu faire des choix pour que le guide puisse accompagner le lecteur dans ses promenades. N'ont en conséquence été retenus dans ces pages que les lieux qui ont contribué à construire la légende du quartier : ateliers et phalanstères d'artistes, hôtels, logements d'écrivains, de musiciens, de chanteurs, bals ou cabarets, cafés ou restaurants ayant joué un rôle dans le bouillonnement créatif. N'y figurent pas (ou exceptionnellement) les séjours passagers ou hypothétiques. Nous nous sommes par ailleurs attachés à ne présenter que des sites encore visibles ou au moins repérables. Les maisons de Berlioz et de Mimi Pinson, disparues dans les remaniements de la rue du Mont-Cenis, ont pour cette raison été écartées de ce florilège. De la même manière, il n'est guère question, sauf par allusions, du Maquis. En revanche, le site du Café de la Nouvelle Athènes étant bien identifiable, le grand rendez-vous des peintres impressionnistes figure en bonne place dans ces pages.

Bien avant que Montparnasse ne s'autoproclame, au sortir de la Grande Guerre, le « centre du monde », Montmartre s'adjuge le titre, aussi beau qu'étonnant, de « capitale de Paris ». Il faut entendre : capitale des plaisirs et des arts, l'euphorie et l'esprit des cafés et cabarets répondant à l'invention plastique, musicale, dramatique,

Henri Toulouse-Lautrec et Tremolada, adjoint de Zidler, directeur du Moulin Rouge, en 1892.
© Coll. part.

poétique. Capitale, Montmartre fut aussi celle de la douleur, pour paraphraser Éluard, tant certains artistes ont souffert de la faim et du froid.

Mais, pour être la capitale de Paris, encore faut-il en faire partie. C'est chose faite en 1860, alors que le village, comme les autres communes de la périphérie, vient d'être annexé. Pourtant, le véritable rayonnement de Montmartre s'affirme un peu après la Commune, au milieu des années 1870. En 1874, Degas, de retour de La Nouvelle-Orléans, quitte le quartier Saint-Georges pour s'installer au pied de la Butte et

Pablo Picasso, en 1904.

commence à se faire connaître. Au même moment, le père Tanguy inaugure sa boutique. L'année suivante, Renoir peint le Moulin de la Galette, André Gill l'enseigne du futur Lapin Agile et le cirque Medrano ouvre ses portes. L'aventure commence. Montmartre devient un pôle attractif pour les peintres, les écrivains, les sculpteurs ou les musiciens qui y trouvent un climat propice à la création. Les loyers sont peu élevés. Les artistes sans le sou peuvent se payer un atelier au Bateau-Lavoir ou rue Cortot, les écrivains une soupente ou un cagibi en arrière-cour. Le vin est bon marché et les restaurateurs font facilement crédit aux miséreux : la confiance règne, la solidarité aussi. Au Lapin ou au Chalet, on offre souvent le repas aux peintres faméliques. Le mot passe... Ainsi Picasso s'établit-il à Montmartre parce qu'une petite communauté espagnole y vit déjà ; d'autres suivent – Juan Gris, par exemple – parce que Picasso y travaille. Et avant que les cubistes ne déclenchent la révolution des formes, l'impressionnisme a fleuri sur les pentes de la Butte, les nabis y ont élaboré leurs aplats et les premiers fauves y ont éclaboussé leurs toiles à grand renfort de tubes. Montmartre est le lieu où l'on crée... et le reste jusqu'à la Première Guerre mondiale. C'est alors Montparnasse qui s'affirme en pôle attractif. Peu à peu, les poètes et les artistes déserteront la Butte. Seuls quelques surréalistes, qui n'aiment pas Montparnasse pour la plupart, feront le trajet inverse.

Le périmètre montmartrois s'impose de lui-même, la topographie facilitant la tâche. Mais les cimes n'ont pas l'exclusivité de l'esprit moqueur, frondeur et insolent puisque c'est au pied de la Butte, au Chat Noir, qu'est née l'idée de la « capitale de Paris ». Les boulevards ont attiré les projecteurs parisiens sur les lieux de fête mais ils ont aussi abrité les domiciles et les ateliers de nombreux artistes : Degas mais également Toulouse-Lautrec et, pendant plusieurs années, les nabis, Vuillard et Bonnard en tête. Par capillarité, la contagion montmartroise pourrait s'étendre plus loin encore, à Saint-Georges ou aux Batignolles. Mais ces quartiers ont leurs spécificités et mériteraient un traitement particulier. Nous ne déborderons donc pas la frontière des boulevards de Rochechouart et de Clichy en englobant les affluents directs, du nord (villa de Guelma) ou du sud (rue Jean-Baptiste-Pigalle, rue Pierre-Fontaine), ainsi que les artères voisines de la rue du Delta, de l'avenue Trudaine et de la rue de Douai.

Pour le reste, c'est au lecteur d'inventer ses promenades, selon sa fantaisie ou son inspiration. Quel qu'en soit le cours, il est assuré de cheminer en compagnie des lumineux fantômes de Montmartre, plus vivants et actuels qu'on ne pourrait le croire.

Les dates indiquées entre parenthèses dans le titre des notices correspondent à la période d'occupation du lieu par l'artiste (quand il a investi successivement plusieurs locaux).

N
Rue d'Amsterdam
Place de Clichy
Rue Biot
Avenue de Clichy
Rue de Liège
Rue de Milan
Pass. de Clichy
Rue Capron
Rue Ganneron
Rue H.-Moreau
R. de Vintimille
Rue de Bruxelles
Rue de Clichy
R. Forest
Cimetière de Montmartre
R. Moncey
Rue Ballu
R. de Calais
Boulevard de Clichy
Av. Rachel
Rue Caulaincourt
Rue Blanche
Rue de Douai
R. Mansart
Rue La Bruyère
Rue Chaptal
Rue Pierre-Fontaine
Blanche
Rue Lepic
R. J.-de-Maistre
Rue de La Rochefoucauld
Rue J.-B.-Pigalle
R. Duperré
V. des Platanes
Rue Véron
Rue Durantin
R. d'Aumale
Rue N.-D.-de-Lorette
Rue G.-Pilon
Rue des Abbesses
Pl. Pigalle
V. de Guelma
R. A.-Antoine
R. H.-Monnier
R. Frochot
Av. Frochot
Pigalle
St-Georges
Rue Clauzel
Rue de Navarin
Rue Victor-Massé
Cité Malesherbes
R. A.-Stevens
Rue Houdon
Abbesses
Rue des Martyrs
Rue des Trois-Frères
Rue Berthe
Rue Gabrielle
18e
Rue Lallier
Rue Milton
Rue de la Tour-d'Auvergne
Rue Condorcet
Av. Trudaine
R. B.-de-Saron
Boulevard de Rochechouart
Rue d'Orsel
Saint-Pierre
Sacré-Cœur
Square Louise-Michel
R. Rodier
Anvers
Pl. d'Anvers
R. Seveste
Rue Ronsard
Rue Lamarck
Rue Turgot
9e
Rue de Maubeuge
Rue de Rochechouart
Rue de Dunkerque
Rue du Delta
R. P.-Picard
Rue Muller
Rue de Clignancourt
R. P.-Semard
Rue Pétrelle
R. de Sofia
Rue du Faubourg-Poissonnière
Barbès-Rochechouart
200 m

Le boulevard de Clichy et ses affluents

Edgar Degas,
vers 1880.

6 Boulevard de Clichy

Atelier d'Edgar Degas (1912-1917)

Carte 1

C'est ici que l'artiste a passé les cinq dernières années de sa vie. Contraint de quitter en 1912 le 37, rue Victor-Massé (voir p. 108) qui doit être démoli, Degas, vieux et malade, presque aveugle, répugne à déménager. Son ami Albert Bartholomé l'invite à s'installer en voisin, à Auteuil, mais le peintre refuse de quitter le quartier où il a toujours vécu. Il ne s'installera d'ailleurs jamais vraiment dans ce nouvel atelier et appartement déniché par Suzanne Valadon, qui fut un de ses modèles.

« Dans ce nouvel immeuble, Degas déjà souffrant n'eut plus aucun désir de se créer un nouvel intérieur. On installa l'essentiel, mais l'œuvre de mon oncle fut placée dans quelques pièces jamais éclairées et que personne ne pouvait voir. Seuls se trouvaient à portée de la main de Degas les tableaux de sa collection[5]. »

Il meurt chez lui le 27 septembre 1917. À son inhumation au cimetière Montmartre, dès le lendemain, assistent entre autres les peintres Gervex, Forain, Louis et Alexis Rouart, Mary Cassatt, Monet ainsi que les galeristes Joseph et Georges Durand-Ruel et Ambroise Vollard, à qui est confié le soin de dresser l'inventaire. Il ne faudra pas moins de huit vacations pour l'écouler...

10 Boulevard de Clichy
Chez Darius Milhaud

Carte 2

Une plaque l'indique : le compositeur Darius Milhaud, l'une des figures du fameux groupe des Six mené par Cocteau, a vécu ici jusqu'à sa mort en 1974. Né à Marseille d'une vieille famille juive du Comtat Venaissin – un de ses aïeux, Joseph Milhaud, a fondé la synagogue d'Aix-en-Provence –, il arrive à Paris en 1909, à l'âge de dix-sept ans. Il rencontre au Conservatoire les compositeurs Georges Auric et Arthur Honegger, avec lesquels le groupe se constitue en 1916, et se lie d'amitié avec les poètes Francis Jammes et Paul Claudel.

Darius Milhaud en 1923.

Il s'installe ici en 1923, année marquée à la fois par la sortie de son ballet *La Création du monde* et par la fin du groupe des Six – du moins de leurs réunions, puisque jusqu'à la mort de Radiguet les membres se voyaient tous les samedis. Compositeur prolifique, Milhaud s'intéresse à tous les genres musicaux. En 1940, il fuit le nazisme en partant aux États-Unis où il enseigne la composition au Mills College d'Oakland. Il aura pour élèves Dave Brubeck, Steve Reich et Philip Glass. De retour à Paris, en 1947, Milhaud partage son temps entre l'enseignement au Conservatoire de Paris et à Oakland en Californie. Sa carrière est couronnée en 1971 par un fauteuil à l'Académie des beaux-arts.

11 Boulevard de Clichy
Carte 3

Atelier d'Auguste Renoir (1887-1894)

Auguste Renoir occupe à partir de 1887, à la fin de sa période ingresque, deux ateliers qui se font face, au deuxième étage de l'immeuble. La durée d'occupation réelle de ces ateliers par Renoir est incertaine mais il les a conservés jusqu'en 1894. C'est peut-être ici qu'il a terminé *Les Grandes Baigneuses* (1887). À partir de 1890, il vit plutôt au château des Brouillards, sur la Butte (voir p. 137). Le 14 avril de cette même année, il épouse Alice Charigot, couturière devenue son modèle, et reconnaît leur fils Pierre, né en 1881.

Atelier de Pablo Picasso (1909-1912)

Pour Picasso, les affaires vont mieux. Fini la vache enragée ! Si Le Bateau-Lavoir a été le lieu de l'explosion de son génie, avec la période bleue, la période rose, *Les Demoiselles d'Avignon* et l'invention du cubisme, ce fut aussi celui de la bohème et de la misère. Pour travailler plus au calme, le peintre s'installe en 1909 boulevard de Clichy. Fernande n'est sans doute pas étrangère à ce changement d'adresse, désirant une vie plus confortable, car Picasso ne connaît que « son » ordre... qui pour tout autre que lui ressemble à un indicible désordre. Il déteste que l'on balaie, par exemple, car cela soulève la poussière qui se dépose ensuite sur la peinture fraîche. Très attaché au Bateau-Lavoir, Pablo y conserve quelque temps un atelier.

Le couple emménage à son retour d'Espagne, à l'automne. L'immeuble, cossu, appartient à l'ancien ministre des Affaires étrangères Théophile

Ramon Casas Carbo, *Portrait de Pablo Picasso*, vers 1900.

Delcassé. Il faut acheter des meubles car Picasso ne dispose que d'une table en bois pliante, d'une armoire et d'un lit sans sommier – mobilier qui est abandonné à la bonne, puisque maintenant il y en a une. Le changement de cadre est brutal. Fernande évoque « l'étonnement des déménageurs devant la différence des deux ateliers, l'ancien et le nouveau. “Sûrement, disait l'un d'eux à Raynal qui aidait Picasso, sûrement ces gens-là ont gagné le gros lot[6] !” ». Cet embourgeoisement ne rend pas Picasso particulièrement mondain. Il va à reculons aux soirées du couturier Poiret ou de Frank Burty Haviland.

L'atelier est exposé au nord, bien sûr. Il est vaste et lumineux et l'on n'y entre qu'avec la permission du maître des lieux. De ce poste d'observation, l'artiste a une vue sur le Sacré-Cœur, qu'il peint. L'appartement, lui, donne au sud, sur l'avenue Frochot et ses arbres. Les repas sont servis par la bonne dans une salle à manger. Le couple dort dans une vraie chambre,

> **“ *Derrière la chambre, au fond, il y a un petit salon avec un divan, un piano, un joli meuble italien aux incrustations d'ivoire, de nacre et d'écaille que lui a envoyé son père...***
> **Fernande Olivier ”**

Pablo Picasso, autoportrait dans l'atelier du boulevard de Clichy, en décembre 1910.

avec un vrai lit aux barreaux de cuivre. « Derrière la chambre, au fond, il y a un petit salon avec un divan, un piano, un joli meuble italien aux incrustations d'ivoire, de nacre et d'écaille que lui a envoyé son père en même temps que quelques autres beaux meubles anciens[7]. » Les murs sont décorés de chromos, de tapisseries, de masques nègres, d'instruments de musique et de sculptures.

La sculpture, justement, intéresse de plus en plus Picasso. Si l'on en croit Pierre Daix, l'artiste intègre à sa peinture des objets de son nouvel appartement – sucriers, coffrets en cristal, verres, éventails... C'est à ce moment qu'il prend conscience des possibilités de la sculpture cubiste ; sa production sculptée entre en dialogue avec sa peinture. « Jusqu'ici, il avait cherché à matérialiser les géométries de son imaginaire pictural. À présent, il va se mettre à traduire optiquement à deux dimensions les effets possibles à trois[8]. »

Il peint ses premiers *tondis* (peintures sur support rond) début 1910 et des portraits cubistes (Uhde, Vollard, Kahnweiler ou Braque), lesquels évolueront, à la fin de l'année, vers un cubisme analytique qui fractionne les formes en de multiples facettes, l'espace prenant le pas sur le volume. Il n'expose pas ou fort peu[9], notamment sous l'injonction de Kahnweiler, évitant de s'attirer les quolibets du public et de la critique. Ainsi, au XXVIe Salon

des indépendants, ce sont les « suiveurs » du cubisme qui exposent : Archipenko, Brancusi, Delaunay, Duchamp, Duchamp-Villon, Léger, Gleizes, Lhote, Le Fauconnier, Metzinger. Les critiques André Salmon et Apollinaire soulignent la distance qui sépare ceux-ci des inventeurs du cubisme que sont Braque et Picasso, absents influents. Ce sera la même chose au Salon d'automne où exposent Picabia, Léger, Gleizes, Le Fauconnier, La Fresnay, Duchamp, Duchamp-Villon, Metzinger. Apollinaire se fait encore plus cinglant, qualifiant ce cubisme un peu à la traîne de « plate imitation sans vigueur d'ouvrages non exposés et peints par un artiste doué d'une forte personnalité qui, en outre, n'a livré ses secrets à personne. Ce grand artiste se nomme Pablo Picasso. Mais le cubisme au Salon d'automne c'était le geai paré des plumes du paon[10] ».

Max Jacob photographié par Picasso boulevard de Clichy.
© RMN-GP/Succession Picasso

Durant l'été 1910, le couple part à Cadaqués où Picasso planche notamment sur l'illustration du livre *Saint Matorel* de Max Jacob, pour Vollard. L'été suivant, il séjourne à Céret, dans les Pyrénées, avec Manolo. En août, il s'adonne avec Braque qui l'a rejoint à un formidable travail de « cordée », leurs recherches conjointes produisant des tableaux dont on peine à savoir qui les a peints.

La fin de l'été est beaucoup moins paisible : le 21 août 1911, la *Joconde* est dérobée et tout Paris est en émoi. Contrairement aux musées américains ou belges, le Louvre est ouvert à tous les vents et les pilleurs de chefs-d'œuvre s'en donnent à cœur joie. Apollinaire s'en émeut dans un article de *L'Intransigeant* : « Il n'y a même pas un gardien par salle ; les petits tableaux des salles hollandaises qui courent autour de la galerie des Rubens sont, à la lettre, abandonnés aux voleurs. Les tableaux, même les plus petits, ne sont pas, comme dans la plupart des musées étrangers, cadenassés à la muraille. [...] C'est le laisser-aller, l'indifférence, l'incurie... Le Louvre est plus mal gardé qu'un musée espagnol[11]. »

Apollinaire sait de quoi il parle : en 1905, il a rencontré un drôle d'individu, élégant, brillant, snob, mythomane et voleur patenté : l'aventurier belge Géry-Piéret. Le poète éprouve de la sympathie pour ce marginal, qui

Guillaume Apollinaire photographié par Picasso dans son atelier, à l'automne 1910.

repart en Belgique (où il fait de la prison pour vol) avant de revenir en France en 1907. Il s'invite alors chez Apollinaire, rue Gros à Auteuil, qui l'héberge en échange de travaux domestiques et de secrétariat. Mais cela ne suffit pas à Géry-Piéret, qui dérobe au Louvre deux petites statuettes. André Salmon se souvient de l'avoir entendu lancer à Marie Laurencin, alors qu'il s'apprête à commettre un deuxième larcin : « Mademoiselle Marie, je vais au Louvre, il ne vous faut rien[12] ? » Apollinaire le sermonne et refuse de lui fournir des adresses d'antiquaires auprès desquels monnayer les statuettes. Un jour, pourtant, le filou lui extorque celle de Picasso au Bateau-Lavoir. Fasciné par l'art ibérique, ce dernier lui achète pour 50 francs les deux statuettes, qui pourraient l'avoir inspiré dans la composition des *Demoiselles d'Avignon*. Géry-Piéret quitte alors la France pour les États-Unis, et revient quatre ans plus tard, en avril 1911. Apollinaire se laisse à nouveau fléchir et le reprend comme domestique. Mais la tentative de cambriolage d'un voisin absent vaut à l'aventurier d'être mis à la porte par le poète, qui lui donne toutefois quelques estampes afin qu'il puisse en tirer un peu d'argent.

Le 21 août, le scandale du vol de la *Joconde* éclate. Une semaine plus tard, Géry-Piéret écrit sous l'anonymat à *Paris-Journal* qu'il détient une statuette phénicienne volée au Louvre et qu'il est prêt à la restituer contre une somme de 250 francs. Un journaliste recueille ses confidences, notant le fait qu'il a vendu deux statuettes à un ami peintre parisien. Apollinaire s'inquiète : va-t-on l'accuser de recel ? Il tente de joindre Picasso, qui se trouve alors à Céret en compagnie de Braque. À son retour à Paris, Apollinaire accourt le voir boulevard de Clichy. Fernande Olivier rapporte : « Je les revois encore tous deux : des enfants contrits, épouvantés, songeant à fuir à l'étranger. C'est à moi qu'ils durent de ne pas pousser trop loin leur affolement. Ils décidèrent de rester à Paris et de se débarrasser immédiatement des pièces compromettantes. Mais comment faire ? Après un dîner hâtif et une longue soirée d'attente, ils avaient décidé d'aller la nuit jeter à la Seine une valise contenant les sculptures. Ils partirent vers minuit, à pied, emportant la valise, et revinrent à 2 heures exténués, fourbus. Ils rapportaient la valise et son contenu. Ils avaient erré, n'ayant pas trouvé le moment propice ou n'ayant pas osé se débarrasser de leur colis. Ils s'étaient crus suivis, leur imagination avait forgé mille choses plus fantastiques les unes que les autres. » Elle ajoute : « Je suis sûre qu'involontairement peut-être ils se jouaient à eux-mêmes une espèce de comédie[13]. » L'affaire n'a toutefois rien d'anodin : ni Picasso ni Apollinaire ne sont français, ils risquent la prison pour recel ou l'exil... Ils décident donc de restituer les statuettes, par l'intermédiaire du journal qui a révélé l'affaire.

> ***« Je les revois encore tous deux [Picasso et Apollinaire] : des enfants contrits, épouvantés, songeant à fuir à l'étranger. C'est à moi qu'ils durent de ne pas pousser trop loin leur affolement. »***
>
> **Fernande Olivier**

Apollinaire, menottes au poignet, lors de son arrestation après le vol de la *Joconde*, en août 1911.
© DR

De son côté la police enquête. Le nom d'Apollinaire finit par apparaître et, le 7 septembre au soir, deux pandores viennent interroger le poète chez lui. Déféré devant le juge Drioux, il refuse dans un premier temps de livrer le nom du voleur. Le juge l'inculpe alors pour complicité de recel, ce qui incite Apollinaire à dénoncer le coupable tout en précisant que lui-même n'a joué dans cette histoire qu'un rôle d'intermédiaire afin de restituer les œuvres. Le juge n'en croit rien et le fait incarcérer dans la nuit à la prison de la Santé.

Le scandale éclate. Quoi ! Apollinaire à la tête d'une organisation internationale de détrousseurs de musée ? Le Louvre est bafoué, mais aussi la police, qui prend le Polonais – Français de cœur – pour un Russe, et la magistrature, accusée de bâcler l'affaire. Les antisémites traitent (à tort) Apollinaire d'« écrivain juif ». René Dalize, le futur dédicataire des *Calligrammes*, apprend à André Salmon l'arrestation de leur ami et tous deux entreprennent d'ameuter les écrivains de toutes tendances politiques, ainsi que le directeur de *Paris-Journal*, qui publie leur pétition.

Tandis que la riposte s'organise, Picasso tremble en redoutant que son nom ne sorte à son tour. Le 12 septembre, un policier en civil se présente boulevard de Clichy. Si les versions de l'affaire divergent, il semble bien que Picasso ait trahi son ami, comme il l'avoue dans un entretien de 1959 : « Je le vois encore avec ses menottes et son air de gros garçon placide. Il m'a souri en entrant. Mais je n'ai pas bronché lorsque le juge m'a demandé : "Connaissez-vous ce monsieur ?" Alors une peur terrible m'a possédé et, sans savoir ce que je disais, j'ai répondu : "Je n'ai jamais vu cet homme-là." J'ai vu la tête de Guillaume qui changeait. Le sang se retirait de son visage[14]. » Ce même jour, Apollinaire revoit le juge à 15 heures. Une foule de journalistes et d'amis l'attendent. Apollinaire est très ému et tente de cacher ses menottes avec son canotier. L'interrogatoire dure deux heures, à l'issue desquelles le poète est libéré.

Cette histoire rocambolesque altère un peu les rapports entre les deux amis, même si nous ignorons tout de leurs explications mutuelles. Pour Apollinaire, c'est un véritable traumatisme. Ces cinq jours de prison ont changé son rapport au monde et à son pays d'adoption. La désinvolture l'a fui. Les attaques sur son statut d'étranger l'ont meurtri. Au lieu de quitter la France, il ne cherche plus qu'à se faire naturaliser, ce qui adviendra durant la Grande Guerre dans laquelle il s'engage volontairement, farouchement, passionnément. Il en sortira blessé, trépané, affaibli et mourra de la grippe espagnole le 9 novembre 1918. Il sera enterré le jour même de l'armistice.

Par ailleurs, le couple Picasso va mal. Fernande et Pablo fréquentent alors un autre couple, Louis Marcoussis et Eva Gouel. Eva et Picasso se voient en secret. La jeune femme entre dans un tableau intitulé *La Femme à la cithare* (1911-1912) au bas duquel est inscrit « Ma jolie », du nom d'une chanson à la mode (« Ô Manon ma jolie mon cœur te dit bonjour ») qui fait office de code entre eux. Devant cette toile, Picasso s'interroge sur la « perte du portrait » à laquelle mène le cubisme.

Braque, lui, est toujours à Céret où il reste jusqu'en janvier 1912. Parmi ses découvertes, une intervention extérieure à la main du peintre : le pochoir. Picasso radicalisera le geste en peignant au pochoir de la laque industrielle Ripolin... Braque met au point une technique de faux bois exécutée au peigne d'acier, comme le font les artisans. Picasso s'en sert aussi. Les collages approchent...

Au milieu des soubresauts de sa vie amoureuse – ivresse de la rencontre (Eva), troubles de la rupture (Fernande) –, Picasso présente à Braque Marcelle... qui deviendra la femme de son ami. En mai, il part à Céret avec Eva et son chien Fricka, confiant son singe et les chats à Germaine Pichot, emportant toiles et couleurs. Peu à peu, il déserte le boulevard de Clichy et s'adonne à sa passion pour la jeune femme. D'après plusieurs témoignages, c'est la première fois qu'il est vraiment profondément amoureux. Sa peinture retrouve des couleurs, au propre comme au figuré. Il apprend par Braque (dans le secret de ses amours) que Pichot, Germaine et... Fernande comptent passer l'été à Céret. Il part donc avec son amante à Perpignan, puis à Sorgues. La rupture définitive avec Fernande est imminente ; dès son retour à Paris, Picasso quittera le quartier pour s'installer à Montparnasse.

33 Boulevard de Clichy

Atelier de Louis Marcoussis (vers 1910-1913)

Carte 4

Né à Varsovie le 14 novembre 1878, Ludwig Markus arrive à Paris en 1903. Il entre à l'académie Julian, fréquente le cirque Medrano, y rencontre Braque qui lui présente Apollinaire ; celui-ci le surnomme Marcoussis, du nom d'un village d'Ile-de-France. Le nom lui reste. Impressionniste puis fauve, il devient en 1910, après sa rencontre avec Picasso (grâce une nouvelle fois à Braque), cubiste, embrassant ce mouvement avec passion. Il peint un Sacré-Cœur cubiste en 1910. Deux ans plus tard, il expose des estampes à la Section d'or[15] puis, en 1914, des papiers collés, dans le ton de ceux de Braque et Picasso.

Après sa rupture avec Eva Gouel, durant l'été 1912, Marcoussis rencontre Halicka, artiste et compatriote. Ensemble, ils prennent un appartement au 61, rue Caulaincourt et un atelier à la villa des Arts, rue Hégésippe-Moreau, qu'ils garderont toute leur vie.

36 Boulevard de Clichy

Atelier de Jules Pascin (1923-1930)

Carte 5

En 1923, le peintre et dessinateur Pascin s'installe dans ce qui sera son dernier atelier, à l'étage le plus élevé de l'immeuble. Il vient de se séparer de sa femme Hermine et sa maîtresse, Lucy Vidi, le quitte aussi. Provisoirement.

Le confort est sommaire, à en croire Jeanine Warnod qui, enfant, a vu l'atelier en y accompagnant son père André : « Presque pas de meubles, une chaise longue, un fauteuil pour les modèles, une table à dessin, quelques tabourets et par terre des toiles et des cartons, des dessins et des aquarelles empilées sur les planches. Une grosse ampoule, tombant du plafond comme une araignée au bout de son fil, diffusant une lumière aveuglante[16]. »

Stéphan Lévy-Kuentz décrit ainsi les lieux : « Une verrière donne sur les toits, un mur croûté lui fait face. À gauche de l'entrée, un escalier en colimaçon qui mène à une soupente. Des toilettes étroites où les épaules touchent. Par la baie vitrée au nord, on aperçoit la Butte jusqu'au Sacré-Cœur… De ses fenêtres côté sud, il peut voir la place Pigalle sur la gauche, la place Blanche sur la droite. Quel que soit l'endroit où il vit, ses appartements sont invariablement caractérisés par un désordre indescriptible, une profusion de bouteilles de vin vides, un lit défait et un grand fouillis de dessins[17]. »

L'artiste a généralement bien vécu. Avant d'arriver à Paris, déjà, la revue *Simplicissimus* lui donnait une rente. Son trait mordant, qui croque et critique la société bourgeoise, lui vaut rapidement une réputation internationale. Pascin sort beaucoup, arrose ses amis ou les inconnus qui lui semblent en valoir la peine et qui veulent bien le suivre. Chaque nuit est une nouvelle fête. Ses peintures se vendent bien. Le docteur Barnes est passé par là mais aussi Paul Guillaume et Bernheim-Jeune. Sa cote ne cesse de grimper. Pascin en profite pour organiser des fêtes étourdissantes ici, tous les samedis. Mac Orlan le voit en « réorganisateur de ces fêtes terrestres et angéliques qui laissent un éternel souvenir[18] ». Dans des décors exotiques composés pour l'occasion se pressent ses amis, Derain, Foujita, Salmon, Dubreuil, Paul Morand, Mac Orlan, Carco, Warnod, les Dardel, Gromaire, Marie Laurencin, Kisling, Man Ray, Papazoff, Kiki… ainsi que ses modèles, comme Aïcha, des filles légères et toute sortes d'inconnus qui n'hésitent pas à dérober dessins et croquis. Pascin laisse faire, encourageant même : « Prenez, prenez, ils sont là pour ça[19] ! » Le peintre peut tout aussi bien réserver le restaurant de la rue des Martyrs et régaler tout le monde, accueillant n'importe qui et refusant qu'on le remercie. Il n'hésite pas davantage à donner son costume à un clochard.

> **« *[Jules Pascin] réorganisateur de ces fêtes terrestres et angéliques qui laissent un éternel souvenir.* »**
> **Pierre Mac Orlan**

S'il sait faire la fête, Pascin travaille aussi beaucoup, payant bien ses modèles et les traitant de même. André Salmon l'observe à son ouvrage : « Autour de lui ses modèles ordinaires, les blanches et les noires dont aucune ne pose. En tout cas pas comme on pose chez les autres peintres. Pas une qui s'immobilise académiquement tandis que Pascin dessine ou peint. Plus souvent défaites que nues, elles sont abandonnées à leurs caprices par le maître, le maître accepté, exigeant et généreux. Soins ménagers, cartomancie, ouvrage de dames ou jeu

Jules Pascin au travail.
© DR

galant de la comparaison. Pascin les suit toutes à la fois. Il travaille. Il suit pour maintenant ou retient pour demain un mouvement, un geste, une attitude, une pose quand même, la pose furtive de l'une ou de l'autre qui n'a jamais connu la fatigue et l'ennui d'une pose commandée[20]. » En mouvement lui-même, Pascin saisit le moment comme le Bernin croquait ses modèles à l'époque baroque. Sa légèreté est celle des maîtres français qu'il admire tant – Watteau et Fragonard en tête –, assoiffés de liberté et de libertinage. Le vendredi est réservé aux marchands, auxquels le peintre vend dessins ou toiles en demandant à être payé en liquide.

En 1929, Pascin signe un contrat avec la galerie Bernheim-Jeune. Mais bientôt, ce contrat l'étouffe : « Je me dégoûte. Je fais défiler des modèles dans mon atelier, je les paie pour poser, mais que je les baise ou pas, je les baise de toute façon au nom de l'art, en les vendant par toiles interposées. J'en ai marre d'être un proxénète de la peinture, j'en ai marre des petites bonnes femmes en chemise, mais ça se vend bien, vous comprenez ? Si vous saviez ce que tout cela est loin de mes ambitions de jeune homme. Je sais que je suis fini, au bout du rouleau, que je ne m'en sortirai pas[21]. » Lié par son contrat, il se sent obligé de peindre des tableaux faciles qui plaisent aux bourgeois. Mais le noceur est aussi un mélancolique qui, bien qu'entouré, se sent irrémédiablement seul. Son modèle Aïcha en témoigne : « Après avoir festoyé, ses copains filaient et souvent on le retrouvait seul au carrefour Vavin à 5 heures du matin. Alors nous, ses petits modèles, Dala, Claudia [...] nous allions coucher chez lui pour lui tenir compagnie et ne pas le laisser seul, car il était tellement malheureux[22]. »

Pour l'éloigner de Montmartre, Lucy lui loue la villa des Camélias à Vanves. S'il y travaille – il y peint notamment *Salomé* –, il retourne dormir boulevard de Clichy. Lucy est enceinte de lui mais décide de ne pas garder l'enfant.

La dernière fête est donnée en avril 1930. Le 2 juin, veille du vernissage de son exposition, Pascin est seul dans son atelier. Il a décidé d'en finir. Par testament, il lègue tout ce qu'il possède aux deux femmes de sa vie. Au dos d'un carton d'invitation, il griffonne : « Lucy, ne m'en veux pas pour ce que je fais. Merci pour les paquets. Tu es trop bonne, il faut que je m'en aille pour que tu sois heureuse. ADIEU ! ADIEU ! p. » Il s'ouvre d'abord les veines et écrit sur le mur de la porte un ultime « Adieu Lucy ». La mort ne vient pas, le sang ne coule pas assez vite. Il trempe ses mains dans l'eau froide, ce qui ralentit encore l'écoulement. Puis il se pend à l'espagnolette de sa fenêtre.

Le 5 juin, Lucy, folle d'inquiétude, se rend boulevard de Clichy avec un serrurier, Kisling et Papazoff. Ils découvrent le corps. L'enterrement a lieu deux jours plus tard. Toutes les galeries parisiennes sont fermées, sans doute sans savoir le souhait que Pascin avait formulé au passage d'un corbillard : « Quand ils m'emporteront, j'aimerais que la vie s'arrête dans toute la ville[23] ! » Le cortège funéraire part de la place de Clichy. Hermine, Lucy, Per Krohg, Salmon, Dardel, Papazoff, Eisenmann, Dubreuil... et un millier de personnes suivent le cercueil jusqu'au cimetière de Saint-Ouen. André Salmon, éteint par l'émotion, n'arrive pas à terminer son éloge funèbre. Plus tard, la sépulture sera transférée à Montparnasse avec une épitaphe du même Salmon :

Homme libre héros du songe
et du désir
De ses mains qui saignaient
poussant les portes d'or
Esprit de cher Pascin dédaigna
de choisir
Et maître de la vie il ordonna la mort.

62 Boulevard de Clichy
Carte 6

Le Tambourin

Augusta (Agostina) Segatori est une belle femme qui, comme beaucoup de ses compatriotes, est modèle pour les peintres. Parmi eux, Corot *(Agostina)*, Manet *(Portrait de femme)* et Van Gogh *(L'Italienne)*. D'après Roussard, Ernest Hoschedé, un ancien mécène de Monet, aurait proposé à Augusta d'ouvrir un restaurant rue de Richelieu dans un local orné de tambourins. L'établissement est transféré boulevard de Clichy en

Vincent Van Gogh, *L'Italienne*, 1887.
© Musée d'Orsay/Wikipédia Commons

1885. Le restaurant fait vite parler de lui, notamment avec ses desserts qui ne peuvent laisser indifférents, comme la « bombe anarchiste (au citron) », clin d'œil aux libertaires qui agitent le paysage politique et artistique de l'époque, ou le « plus-que-parfait à la vanille et à la Bouguereau (pléonasme) », coup de griffe au peintre pompier.

Van Gogh fréquente le restaurant… et sa patronne. Il semble qu'ils aient une relation amoureuse. Au Tambourin, le peintre organise, avec l'aval d'Agostina, une exposition d'estampes japonaises. Les amis peintres défilent, viennent voir ces estampes qui en influenceront plus d'un, notamment Bernard et Anquetin qui les eurent sans doute à l'esprit en inventant le cloisonnisme[24]. Puis

Le Cabaret des Quat'z'Arts vers 1900.
© Coll. part.

Van Gogh monte une seconde exposition, constituée cette fois des toiles des amis de l'atelier Cormon, de Bernard, Anquetin, de Toulouse-Lautrec et des siennes propres. Mais Agostina rompt, un autre amant, plutôt louche, ayant décidé selon certaines sources de faire le ménage les armes à la main. Toujours est-il que Vincent n'est plus en odeur de sainteté et a le plus grand mal à récupérer les tableaux. Ce à quoi il parvient tout de même, convoyant l'expo sur une charrette à bras.

Alphonse Allais, Auriol, Gérôme, Forain, Henri Pille, Rollinat et Steinlen comptèrent parmi les habitués. Parfois, Gauguin passait. En 1893, l'endroit changea brièvement de nom pour devenir Le Cabaret de la Butte puis, à la fin de l'année, Le Cabaret des Quat'z'Arts.

Cabaret des Quat'z'Arts

En 1893, François Trombert prend possession de ce cabaret dont il charge Henri Pille de la décoration. L'année est marquée par un bal des Quat'z'Arts agité au Moulin Rouge où Sarah Brown est apparue complètement nue. Le scandale est tel qu'un procès s'ensuit. En dépit de ce baptême, le cabaret n'a rien de sulfureux. Des chansonniers comme Jehan-Rictus ou Lucien Boyer y débutent en 1896.

L'établissement se compose d'un café dans un décor gothique (c'est alors la mode, voir le Chat Noir, p. 89) qu'éclaire un vitrail réalisé par Albert Truchet. Une mezzanine fait office de restaurant. La vaste arrière-salle offre cent cinquante places pour assister aux tours de chant. On peut aussi admirer des toiles de plusieurs artistes du quartier, dont Truchet.

C'est ici que s'organise, en 1896 et en opposition aux cortèges du Bœuf Gras, la carnavalesque Promenade de la Vache enragée, ou Vachalcade, sous l'égide du patron, bien sûr, et de Willette. L'année suivante, tous deux créent un hebdomadaire, *Les Quat'z'Arts Journal,* frontispice de Willette et collaborations de Goudeau, Boukay, Léandre et Curnonsky, entre autres. À la mort de Goudeau, en 1906, Charles de Sivry reprend le flambeau.

De 1900 à 1903, le directeur artistique fait venir le Théâtre d'ombres qui a fait les grandes heures du Chat Noir. Lorsque Trombert, malade, cède l'affaire à Martial Boyer, c'est le début de la fin ; l'établissement ferme en 1914. Il y a bien une tentative de résurrection en 1922 par le marquis de Mongaillard mais sans réel succès. L'établissement clôt définitivement ses portes en 1924.

82 Boulevard de Clichy
Carte 7

Café Le Cyrano

Ce banal café de quartier est devenu célèbre dans le monde entier grâce aux surréalistes dans les années 1920 et 1930. Dès l'arrivée d'André Breton au 42, rue Fontaine (voir p. 67), en janvier 1922, les surréalistes se réunissent ici tous les jours, de 18 h 30 à 19 h 30. Sous la houlette du grand maître, ils fomentent leur révolution littéraire et politique, ce qui ne va pas sans âpres discussions, fâcheries et exclusions. Le chef réclame que la beauté soit convulsive : le fonctionnement de son groupe ne l'est pas moins ! Selon les possibilités de chacun, les amitiés et les alliances changeantes, on retrouve au Cyrano

Sous la publicité pour la liqueur Marie Brizard, on aperçoit la façade du Cyrano. Carte postale, vers 1900.

Aragon, Arp, Crevel, Dalí, Char, Éluard, Ernst, Giacometti, Man Ray, Tanguy, Tzara... Après la réunion, le groupe va dîner dans un restaurant du quartier quand quelques proches n'accompagnent pas Breton chez lui, chacun apportant sa contribution au dîner.

Les surréalistes apprécient ce café précisément parce qu'il n'est pas un café littéraire. Bruyant, il est fréquenté par la faune interlope du quartier. « À Cyrano, on ne buvait pas de chocolat. Il fallait à un public blasé le fumet d'alcools épicés : whisky, gin, fines nationales et, à l'apéritif, le “Mandarin” étaient les articles les plus demandés. Des filles et des souteneurs, des trafiquants de coco, des gens de théâtre : musiciens de boîtes de nuit, danseuses du Moulin Rouge à qui s'agglomérait cette faune de Montmartre qui n'a jamais su ce qu'était un métier, peuplaient la salle de 6 heures du soir à 2 ou 3 heures du matin », se souvient Victor Crastre[25].

Il est aussi de bon ton de boire le même apéritif que Breton... Certains ne supportent toutefois pas cette rigidité ni cet autoritarisme. Notamment Soupault, qui prend ses distances : « Je n'étais pas le seul à vouloir refuser cette discipline, ces obligations, ces convocations, ces rencontres avec les mêmes participants. Tous les soirs et même tous les matins au café de la place Blanche, Le Cyrano. Le même apéritif. Des jugements. “Et que devient X ou Y ? Il y a longtemps qu'on ne l'a pas vu, celui-là.” Insupportable. Injustifiable. Je n'étais pas disposé à participer à ces séances dont la monotonie commençait à m'exaspérer[26]. »

D'autres célébrités ont fréquenté l'établissement, notamment l'actrice et chanteuse Damia.

Bal du Moulin Rouge

C'est sur les vestiges du Bal de la Reine Blanche que naît un nouvel établissement appelé à devenir un symbole de Paris au même titre que la tour Eiffel. Fondé par Charles Zidler et les frères Oller, grands connaisseurs du monde du divertissement, le Moulin Rouge ouvre ses portes le 6 octobre 1889.

Carte postale recolorisée du Moulin Rouge, vers 1900.
© Coll. part.

Affiche du Moulin Rouge réalisée par Henri de Toulouse-Lautrec en 1891.
© Musée Toulouse-Lautrec/Wikipédia Commons

LA BELLE DE NEW-YOR
PROMENOIR 2f

Henri de Toulouse-Lautrec, *Bal au Moulin Rouge*, 1890.

Pas de solennelle entrée en arcades mais une décoration intérieure d'un goût nouveau : « Et soudain, par la volonté d'un artiste, Willette, éclate dans le plus étourdissant amalgame de lignes et de couleurs une architecture imprévue, qui transforme des pignons en l'on ne sait quelle vision mauresque aux ogives mystérieusement éclairées. C'est Grenade, c'est l'Espagne. Une chaumière, et c'est la Normandie. Un moulin se trouve là, et c'est la Hollande. Il a des ailes immenses et constellées d'escarboucles. Cela chatoie et vire dans une orgie de lumière et de mouvement. C'est inattendu, c'est charmant, c'est fou[27]. » Une folie qui s'installe. Plus tard, l'établissement sera surmonté d'un moulin peint en rouge et illuminé la nuit : on ne voit que lui sur le boulevard. D'ailleurs, c'est le premier bâtiment électrifié de Paris. Les innovations ne résident pas seulement dans la décoration mais aussi dans les agencements qui permettent de rapides changements de décors. Les publics sont mêlés et apprécient les divers spectacles satiriques qui leur sont proposés, alternant pétomanes et clowns (Footit et Chocolat).

Le champagne coule à flots et une danse inspirée du quadrille trouve au Moulin Rouge son temple : le french cancan. Les danseuses se font une renommée dans tout Paris, voire dans le monde : qui ne connaît la Goulue, Jane Avril ou Yvette Guilbert ?

D'autres, avec leur talent et leur nom loufoque, marquent aussi le folklore : Nini Patte en l'Air, Grille d'Égout, la Môme Fromage, Rayon d'Or, la Sauterelle, Clair de Lune…

Les artistes accourent. Parmi eux, le plus célèbre des noceurs : Henri de Toulouse-Lautrec. Il fête ses vingt-cinq ans au Moulin et dessine la fameuse affiche présentant la Goulue et Valentin le Désossé. Renoir, qui est parfois son voisin de table, préfère les chairs roses de jeunes filles « bien » à celles des prostituées, qu'il goûte moins, et que fréquente alors son ami.

Diverses revues se succèdent. En 1893, le bal des Quat'z'Arts (voir p. 34) fait scandale et sensation avec un défilé de femmes nues. Mais le 12 novembre 1897, l'ambiance est au deuil et le Moulin Rouge ferme exceptionnellement pour la mort de son directeur, Charles Zidler. Le dernier bal du Moulin Rouge a lieu le 29 novembre 1902 : l'établissement se transforme en janvier 1903 en théâtre-concert, décoré par Niermans (Casino de Paris, Negresco, Folies-Bergère…), pour devenir le temple de l'opérette. Le 3 janvier 1907, durant la représentation du *Rêve d'Égypte*, Colette embrasse devant le public Missy, sa maîtresse : la pièce est aussitôt interdite. La même année, Mistinguett débute sur scène.

Le Moulin Rouge brûle le 27 février 1915 ; la reconstruction ne débute qu'en 1921. Une nouvelle histoire commence grâce à Mistinguett, Jeanne Aubert, Maurice Chevalier et aux revues américaines. En 1929, le Moulin devient aussi cinéma et dancing. Juste avant la Libération, Édith Piaf s'y produit avec un certain Yves Montand. De nombreux artistes de renom passent au Moulin : Luis Mariano, Charles Aznavour, Line Renaud, Bourvil, Fernand Raynaud…

130 Boulevard de Clichy

Atelier de Paul Signac (1886-1888)

Carte 8

La famille Signac habite au 12, avenue Frochot. Après avoir suivi les cours de l'atelier libre d'Émile Blin, rue Cauchois (ou rue Constance), Paul loue des ateliers rue de Steinkerque puis rue Berthe et au 10, rue d'Orchampt. Ami de Félix Fénéon, de Gustave Kahn et de Georges Seurat, théoricien du mouvement pointilliste auquel adhère le jeune homme, Signac s'installe ici en 1886. En voisin de Seurat puisque celui-ci réside au 128 bis. C'est avec lui et quelques autres amis (Charles Angrand, Albert Dubois-Pillet, Henri-Edmond Cross) qu'il organise en 1884 le premier Salon des indépendants, dont il

Paul Signac, *Neige, boulevard de Clichy, Paris*, 1886.

sera l'un des principaux animateurs sa vie durant.

C'est boulevard de Clichy que Signac écrit, le 8 février 1868, une lettre admirative à Zola à propos de la livraison en feuilleton de *L'Œuvre*, qu'il suit avec intérêt. Il se permet toutefois une petite observation au sujet d'une erreur quant à une couleur complémentaire. C'est ici encore qu'il peint *Neige, boulevard de Clichy, Paris* (1886), magnifique paysage urbain sous la neige.

Il quitte cette adresse pour le 20, avenue de Clichy en 1888, où il demeurera un an avant d'aller à la villa des Arts, 15, rue Hégésippe-Moreau (voir p. 77).

130 ter Boulevard de Clichy
Atelier de Pablo Picasso (1900-1901)

Carte 9

Après un premier séjour parisien rue Gabrielle (voir p. 134), Picasso passe les fêtes de fin d'année 1900 à Malaga et à Madrid. À son retour, c'est dans cet immeuble qu'il s'établit, où vit son marchand, Pedro Mañach. Ce dernier l'invite à partager son appartement du dernier étage, composé de deux pièces. Picasso a droit à la plus grande, exposée sud-est, où il vit et travaille. Il peint le paysage qu'il voit de sa fenêtre, *Boulevard de Clichy*, et brosse également son intérieur, *La Chambre bleue*. Le tableau montre bien que la pièce sert à la fois de chambre, de salon, de cabinet de toilette et d'atelier. Rapidement, le désordre si cher à Picasso s'installe : « Tout objet qui arrivait au sixième étage restait où on l'avait déposé, et chaque fois qu'il fallait débarrasser la table pour les repas, ce qu'on ôtait de la table allait sur le plancher[28]. » Picasso s'accommode de ce bric-àbrac de hasard, chaque objet conservant une forme d'hétérogénéité, d'étrangeté par rapport aux autres.

En juin 1901, Mañach convainc Vollard d'exposer Picasso. Vollard a déjà une belle réputation de galeriste qui sait prendre des risques (avec Cézanne, avec les nabis) et d'éditeur de beaux livres. Picasso partage l'affiche avec Iturrino, un peintre basque peu connu aujourd'hui[29]. Le galeriste se montrera déçu de l'initiative mais selon Pierre Daix, les deux tiers des œuvres ont été vendues ; c'est plutôt la période suivante, la bleue, qui ne se vendra pas. Le critique Félicien Fagus, de la *Petite Gazette d'Art*, ne cache pas son admiration. Cette exposition est aussi l'occasion d'une rencontre avec Max Jacob : « Lors de sa grande et première exposition, j'avais été si émerveillé par sa production, comme critique d'art professionnel, que j'avais laissé un mot d'admiration chez Ambroise Vollard. Et le jour même, j'avais reçu d'un M. Mañach,

> *“[Picasso] parlait peu le français, moi pas du tout l'espagnol, mais nous nous serrions les mains...”*
> **Max Jacob**

qui s'occupait de ses intérêts, une invitation à le visiter. Dès ce premier jour, nous avions senti l'un pour l'autre une grande sympathie. Il était entouré d'une nuée de pauvres peintres espagnols, qui s'asseyaient par terre pour manger et pour bavarder. Il faisait deux ou trois tableaux par jour, portait un chapeau haut de forme, comme moi, et passait ses soirées dans les coulisses des music-halls de cette époque, à faire les portraits des vedettes. Il parlait peu le français, moi pas du tout l'espagnol, mais nous nous serrions les mains[30]. » Le lendemain, toute la bande se retrouve, quai aux Fleurs, chez Jacob qui lit de la poésie. Picasso, parlant à peine la langue, lui dit qu'il est un grand poète. Cela peut faire sourire. Mais Picasso sera toujours entouré de poètes – suivront Apollinaire et André Salmon, par exemple – et se montrera très bon lecteur. Plus tard, sur sa porte du Bateau-Lavoir, il inscrira « Au rendez-vous des poètes ». Lui-même écrira de la très bonne poésie. On peut penser qu'il savait *sentir* la poésie et les poètes.

Dans sa chambre-atelier, Picasso prend une photo en forme de montage : sur le mur, sont accrochées des œuvres qui n'ont pas été vendues chez Vollard, parmi lesquelles le *Portrait de Coquiot* et une *Buveuse d'absinthe*, dans le style de Toulouse-Lautrec, qui vient de mourir (9 septembre 1901). Picasso aimait beaucoup ce peintre dont il imite la manière. En surimpression, c'est lui, élégamment vêtu (comme il l'était à l'époque), les mains dans le dos, l'air grave. Étrange composition. À l'envers de la photo, il écrit en espagnol : « Cette photographie pourrait s'intituler : "Les murailles les plus fortes s'ouvrent à mon passage. Regarde[31] !" »

Cette même année 1901, il visite Saint-Lazare, la prison-hôpital pour femmes atteintes de maladies vénériennes. Beaucoup sont mères : qu'arrivera-t-il à leurs enfants ? Picasso voit d'un coup l'envers du décor de la Belle Époque, l'autre côté du miroir présenté par Toulouse-Lautrec, si l'on veut. S'ajoutant à ses deuils récents, Picasso entame sa période bleue, aujourd'hui chérie, alors honnie. D'après Daix, Mañach, pas plus que Vollard ou bien d'autres, n'apprécie ses œuvres et il lui coupe les vivres. L'hiver approche. Picasso n'attend plus qu'une lettre de son père et repart pour Barcelone.

14 Place de Clichy
Brasserie Wepler

Carte ⑩

Dès 1892, se trouvait ici un débit de boissons. En 1910, il est repris par un Alsacien qui le transforme en brasserie alsacienne. Il y organise des thés dansants et des concerts. La bonne société se met à fréquenter l'établissement mais aussi la bohème locale, fort populeuse et assoiffée ! Écrivains et peintres sont du nombre : Apollinaire et Marie Laurencin, Francis Carco, Roland Dorgelès, Modigliani, Picasso, Toulouse-Lautrec, Suzanne Valadon et Maurice Utrillo comptent parmi les plus notables.

Pierre Bonnard, *La Place de Clichy*, 1912.

Répondant à une commande de son ami Georges Besson, le peintre Pierre Bonnard, qui vit et travaille à deux pas, peint en 1912 un grand tableau de la place de Clichy. Certes, l'artiste a souvent pris cette place comme motif, saisissant au vol les élégantes passantes, les tramways filants, les étalages en pleine rue. Le point de vue, cette fois, est original et va frapper les esprits : le tableau est peint depuis l'intérieur du Wepler, à travers la vitrine. Bonnard a bien compris la spécificité des cafés parisiens ; les vastes vitrines ne sont pas uniquement une source de lumière mais permettent aux consommateurs de voir le spectacle de la rue tout en en étant vu. Un client de café parisien est un voyeur qui a la particularité de se mettre aussi lui-même en scène. En 1908, Bonnard a déjà réalisé un tableau extraordinaire sur cette idée, *La Loge*, où les deux frères Bernheim, Gaston et Josse, sont figurés en compagnie de leurs épouses (lesquelles sont sœurs) dans une loge de théâtre. Dans *La Place de Clichy*, deux garçons de café font office de cariatides et assistent, comme le spectateur que nous sommes, au perpétuel théâtre urbain et à son défilé d'élégantes. Sur la partie supérieure de la toile, on peut lire l'envers de l'auvent.

Parmi les célèbres clients du Wepler, l'écrivain américain Henry Miller n'est pas le moins assidu : il y vient dès son premier séjour à Paris, en 1928, et fréquentera beaucoup l'établissement dans les années 1930, écrivant pendant des heures en terrasse, observant la foule en mouvement, discutant avec des prostituées, se faisant offrir ses repas par des amis. Il l'évoque dans *Jours tranquilles à Clichy* : « D'un côté de la place Clichy se trouve le café Wepler qui fut longtemps mon repaire préféré. Je m'y suis assis, à la terrasse et à l'intérieur, par tous les temps et à toutes les heures du jour et de la nuit. C'était pour moi un livre ouvert. Tous les visages – des garçons, des gérants, des caissières, des putains, de la clientèle et même des dames des lavabos – sont gravés dans ma mémoire comme les images d'un livre que j'aurais feuilleté tous les jours[32]. »

Au tout début de l'Occupation, le 12 juin 1940, le Wepler est fermé. Les Allemands en font une annexe de la Kommandantur. À sa réouverture, en février 1948, l'établissement retrouve sa vocation de brasserie et de thé dansant. Grâce à la volonté d'une libraire, Marie-Rose Guarniéri, le Wepler est aujourd'hui le siège d'un important prix littéraire.

77 Rue Blanche

Atelier d'Edgar Degas (1873-1876)

Carte 11

Quittant son atelier de la rue Victor-Massé (voir p. 101), Edgar Degas s'installe ici en avril 1873. Il occupe un appartement au deuxième et travaille dans un vaste atelier au quatrième. Il fréquente ses amis, Manet et Zola notamment, au café Guerbois et de plus en plus à celui de la Nouvelle Athènes toute neuve et toute proche.

Edgar Degas, vers 1860.

En février 1874, Edmond de Goncourt visite son atelier et en sort très surpris : « Hier, j'ai passé ma journée dans l'atelier d'un peintre bizarre, du nom de Degas. Après beaucoup de tentatives, d'essais, de pointes dans tous les sens, il s'est énamouré du moderne ; et dans le moderne, il a jeté son dévolu sur les blanchisseuses et les danseuses. [...] Le peintre vous exhibe ses tableaux, commentant de temps en temps son explication par la mimique d'un développement chorégraphique, par l'imitation, selon l'expression des danseuses, d'une de leurs *arabesques*. Et c'est vraiment très amusant de le voir, sur le haut de ses pointes, les bras arrondis, mêler à l'esthétique du maître de danse l'esthétique du peintre, parlant des *boueux tendres* de Vélasquez et du *silhouetteux* de Mantegna. Un original garçon que ce Degas, un maladif, un névrosé, un ophtalmique, à ce point qu'il craint de perdre la vue ; mais par cela même, un être éminemment sensitif et recevant le contrecoup du caractère des choses. C'est jusqu'à présent l'homme que j'ai vu le mieux attraper, dans la copie de la vie moderne, l'âme de cette vie[33]. »

Claude Monet,
Impression, soleil levant, 1872.
© Musée Marmottan/Wikipédia Commons

> « *Un original garçon que ce Degas, un maladif, un névrosé, un ophtalmique, à ce point qu'il craint de perdre la vue...* »
> **Edmond de Goncourt**

La même année, un groupe d'artistes crée une « société anonyme coopérative d'artistes peintres, sculpteurs, graveurs, à capital et personnel variables ». Les fondateurs sont Monet, Renoir, Sisley, Pissarro, Berthe Morisot et... Degas. Ne pouvant accéder pour la plupart au Salon officiel (Degas n'en a jamais été exclu mais s'allie avec ses amis), ils organisent une exposition dans les locaux prêtés par Nadar, au 35, boulevard des Capucines[34]. L'exposition ouvre le 15 avril et on ne sait pas encore qu'il s'agit de la première exposition « impressionniste » : c'est en effet à cette occasion que Monet dévoile, entre autres, le fameux tableau peint de sa fenêtre, au Havre, intitulé *Impression, soleil levant,* qui donnera l'occasion à un journaliste malveillant, Louis Leroy, de tenter de tourner en ridicule ces peintres frondeurs par un article dans *Le Charivari* qui fit grand bruit, « L'école des impressionnistes[35] ». L'exposition s'avère une catastrophe en termes économiques et de fréquentation mais le mouvement est lancé... et a trouvé son nom !

Degas ne se considère pas comme un impressionniste, rejetant le culte du plein air : « Les impressionnistes ont besoin d'une vie naturelle, moi, d'une vie artificielle[36] » – considération que l'on peut appliquer à la lumière. Degas préfère « l'étude du mouvement et la traduction de l'instantané[37] ». Il présente cependant dix toiles à cette exposition, soutiendra ses amis et exposera avec eux jusqu'en 1886, date à partir de laquelle il confiera toute sa production à ses marchands.

Pour l'heure, au printemps 1876, il expose une vingtaine d'œuvres chez Durand-Ruel. Pour des raisons probablement économiques, le peintre quitte dans l'urgence cet immeuble et s'installe au 4, rue Frochot (voir p. 70).

9 Rue Clauzel

Boutique du père Tanguy, seconde époque (1891-1894)

Carte 12

Au milieu de l'année 1891, Julien Tanguy traverse la rue, quittant le n° 14 pour s'installer au n° 9. Le lecteur devrait donc commencer par la notice suivante puisqu'elle précède chronologiquement celle-ci.

Un jeune artiste a peint la façade en bleu outremer et le nom du propriétaire en jaune sur le carreau de la porte. Si la boutique jouit d'un éclairage convenable, l'arrière-boutique est plongée dans l'obscurité. Quant à l'espace vital de Tanguy et de sa petite famille, il est plus restreint que dans le logement précédent. Émile Bernard précise que Tanguy y entasse des toiles au point de boucher les fenêtres et d'assombrir encore davantage les pièces.

La générosité du maître des lieux ne se dément pas, fût-ce aux dépens de son propre confort. Ainsi, il accueille un temps Agostina Segatori, l'ancienne propriétaire du Tambourin (voir p. 32), qui avait fait tourner la tête de Van Gogh – ce qui ne manque pas de faire jaser. Des individus sans scrupules abusent parfois de sa gentillesse mais il semble que rien ne saurait l'aigrir. « Il vivait pour ainsi dire heureux dans sa générosité ; il était comme transfiguré par ses élans cordiaux et fraternels ; son visage s'éclairait d'une bonté presque surnaturelle, qui donnait de la beauté à sa grosse figure de philosophe plébéien[38]. »

Atteint d'un cancer de l'estomac, Julien Tanguy souffre énormément. Pour éviter à sa femme qui le soigne une trop grande fatigue, il insiste tant et si bien qu'on finit par l'emmener à l'hôpital. Désolé par l'anonymat du lieu, triste et abattu, il demande cependant à rentrer mourir chez lui, au milieu de ses chères toiles. Ce qui advient le 6 février 1894. Octave Mirbeau a alors la bonne et généreuse idée d'organiser une vente chez Drouot pour subvenir aux besoins de sa veuve. Berthe Morisot, Puvis de Chavannes, Mary Cassatt, les Pissarro, Signac, Sisley, Rodin et bien d'autres envoient une œuvre. Frais déduits, cela donne 10 000 francs à la veuve Tanguy, qui se retire dans une chambre au... 10 de la rue Cortot, là où sa vie parisienne avait commencé.

Sans le père Tanguy, généreux dispensateur de couleurs, l'histoire de l'art eût été différente. Grâce à lui, de très nombreux Cézanne ont été sauvés (entre autres de la folie destructrice de l'artiste lui-même) ; toute une génération a pu découvrir le peintre d'Aix et le fou hollandais. Sans Tanguy, les symbolistes et l'école de Pont-Aven, voire les nabis, n'auraient pas eu le même œil.

14 Rue Clauzel

Boutique du père Tanguy,
première époque (1874-1891)

Carte 13

Né le 28 juin 1825 dans les Côtes-du-Nord, Julien Tanguy arrive à Paris avec sa femme en 1860, probablement encore employé par les chemins de fer de la Compagnie de l'Ouest. Il s'engage alors comme broyeur de couleurs à la maison Édouard, rue Clauzel.

Vincent Van Gogh,
Portrait du Père Tanguy, vers 1887.
© Wikipédia Commons

Mais les affaires sont difficiles. Il semble que Tanguy ait quitté Édouard pour prendre une loge de concierge au 10, rue Cortot. Sa femme garde la maison tandis qu'il devient marchand de couleurs itinérant, sillonnant une partie de Paris et de sa banlieue : Argenteuil, Sarcelles, Barbizon, Écouen. Au fil de ses tournées, il distribue ses tubes de peinture et rencontre des jeunes peintres encore inconnus : Cézanne, Pissarro, Monet, Renoir.

Tanguy participe à la Commune, portant les armes sans tirer un coup de fusil. Il est néanmoins arrêté, envoyé au bagne puis revient en France, gracié par Jobbé-Duval en 1873. Exilé un temps en Bretagne, Tanguy rejoint Montmartre où vivent toujours sa femme et son enfant. Mais les propriétaires du 10, rue Cortot ne veulent pas d'un insurgé dans leurs murs. C'est donc au 12 de la rue que le couple loue une petite maison au fond du parc, qui donne sur la rue Saint-Vincent.

Tanguy reprend ses tournées mais elles s'avèrent difficiles. Le paysage a changé, les peintres se sont dispersés ou sont morts à la guerre. Une chance se présente, cependant, quand la maison Édouard, où Tanguy avait commencé, quitte la rue Clauzel ; en 1874, il s'installe donc à son compte au n° 14 de la rue. Il attire une clientèle sympathique mais peu argentée. Cézanne, par exemple, est sans le sou. Petit à petit, Pissarro, Renoir, Gauguin, Anquetin, Signac, Lautrec et Van Gogh viennent se fournir ici. Tanguy fait crédit, un peu trop au goût de sa femme qui n'a pas toujours de quoi nourrir sa famille.

Le marchand accepte aussi des toiles en échange de couleurs, si bien qu'il est l'un des seuls à Paris à posséder des œuvres de celui qu'on n'appelle pas encore le maître d'Aix. Les jeunes loups et quelques autres curieux viennent contempler ces tableaux dans la boutique faisant office de minuscule galerie. Après avoir scruté les nombreuses toiles ornant les murs, le visiteur averti peut demander à voir « les Cézanne ». « On le voyait disparaître dans une pièce obscure, derrière un galandage, pour revenir un instant après porteur d'un paquet de dimension restreinte et soigneusement ficelé ; sur ses lèvres épaisses flottait un mystérieux sourire, au fond de ses yeux

> **“ *Sur ses lèvres épaisses flottait un mystérieux sourire, au fond de ses yeux brillait une émotion humide... [Le père Tanguy] exhibait les œuvres, les unes après les autres, dans un religieux silence.***
> **Émile Bernard ”**

brillait une émotion humide. Il ôtait fébrilement les ligatures, après avoir disposé le dos d'une chaise en chevalet, puis exhibait les œuvres, les unes après les autres, dans un religieux silence[39]. » Alors le père Tanguy parle, livre ce qu'il sait de ses amis peintres qui lui doivent beaucoup plus que des tubes de couleur. « Le papa Cézanne, disait-il, n'est jamais content de ce qu'il fait, il lâche toujours avant que d'avoir terminé. Quand il déménage, il a soin d'oublier ses toiles dans la maison qu'il quitte ; quand il peint dehors, il les abandonne dans la campagne. » Plus technique, il ajoute : « Cézanne travaille très lentement, la moindre chose lui coûte beaucoup d'efforts, il n'y a pas de hasard dans ce qu'il fait[40]. » En précisant que le maître va au Louvre tous les matins.

Outre Cézanne, Van Gogh, à partir de 1886, est un habitué de la boutique ; selon certaines sources, il y passe le plus clair de son temps. L'artiste est un grand consommateur de peinture, puisqu'il peint souvent directement au tube, sans l'intermédiaire du pinceau ou du couteau. Les fauves, plus tard, l'imiteront. Van Gogh accroche ses toiles chez Tanguy mais aussi des estampes japonaises. Il peint deux portraits du père Tanguy ; dans l'un d'eux, l'arrière-fond est constitué d'estampes japonaises, sans doute celles qu'il a suspendues lui-même.

C'est chez Tanguy que se rencontrent Cézanne et Van Gogh. Ils discutent théorie puis Van Gogh montre ses toiles à Cézanne, paysages, portraits, natures mortes. Après avoir tout examiné, Cézanne s'exclame : « Sincèrement, vous faites une peinture de fou ! » C'est ici encore, en janvier 1887, que Van Gogh retrouve Émile Bernard, qu'il a croisé chez Cormon. Ils deviennent amis et passent beaucoup de temps ensemble tout au long de l'année.

Puis, en février 1888, Van Gogh part pour Arles. Lorsqu'il travaille bien, il envoie des commandes de tubes, de toiles : Tanguy demeure son fournisseur et son frère le correspondant dévoué qui accourt pour faire les colis ou déballer les toiles fraîchement reçues et qu'il faut mettre sur châssis. La nouvelle de la crise de folie de Vincent, oreille coupée et internement, attriste profondément le père Tanguy et les habitués de la boutique. On suit l'évolution du moral et de la santé de Van Gogh, on se réjouit lorsqu'il se remet à peindre à Saint-Rémy et qu'il demande de nouvelles fournitures. Puis l'artiste revient à Paris, s'établit à Auvers-sur-Oise où il ne passera pas plus de soixante-dix jours. D'après Émile Bernard, le père Tanguy accourt à Auvers pour veiller Van Gogh, agonisant, qui meurt le mardi 29 juillet 1890 à 1 h 30 du matin.

Dans le même temps, la cote des impressionnistes n'a fait que grimper… sauf celle de Van Gogh et Cézanne ! Le père Tanguy distribue ses couleurs mais fait trop crédit et les toiles s'accumulent chez lui sans qu'il les vende : les amateurs sont trop rares ou trop pauvres. Le marchand vieillissant court le voisinage pour céder à bas prix quelques toiles de Cézanne, trop chères toutefois pour les vrais amateurs de cet art nouveau qui fréquentent sa boutique. En 1891, il déménage au n° 9, dans une boutique légèrement plus spacieuse (voir p. 47).

Artistes évacuant leurs affaires du 7, rue du Delta, début 1909. On reconnaît Paul Alexandre, qui porte un chapeau melon, et probablement son frère Jean qui se tient derrière. Deux toiles de Modigliani sont posées par terre.
© DR

7 Rue du Delta
Carte 14

Phalanstère du Delta

Le grand ordonnateur de ce qui fut un lieu magique est un médecin, Paul Alexandre. Cet amateur éclairé fréquente le Louvre et s'intéresse vivement à l'art et aux artistes. Il en rencontre plusieurs, dont le sculpteur Maurice Drouard, qui lui présente un jeune artiste appelé à devenir l'un des plus grands sculpteurs du XXe siècle, Constantin Brancusi. Leur petit groupe se réunit alors au 22, rue Visconti, à Saint-Germain, près des Beaux-Arts. D'autres artistes les rejoignent : Henri Doucet, Albert Gleizes, Le Fauconnier, Henri Gazan. La place manquant, ils louent chaque semaine le premier étage du restaurant Paumier.

Cela ne saurait suffire. Devenu dermatologue, Paul Alexandre ouvre une clinique au 62, rue Pigalle et découvre tout près de chez lui un local assez vaste pour y créer un phalanstère d'artistes. On pourrait y peindre, sculpter, jouer du théâtre ou de la musique, discuter, faire la fête... et y mener des petites amies, c'est plus joyeux. Le pavillon du 7, rue du Delta appartient à la Ville de Paris. Par l'intermédiaire d'amis, Paul et son frère Jean le louent pour une somme dérisoire.

Le petit groupe de Saint-Germain-des-Prés s'y retrouve. Albert Gleizes, qui va bientôt devenir cubiste et commence déjà à avoir une petite réputation, s'installe avec de jolis meubles. Henri Doucet, peintre et dessinateur, a participé, tout jeune, à la décoration de l'Exposition universelle de 1900 puis du Capitole de Toulouse ; avec Gleizes, il a déjà vécu dans un phalanstère à Créteil (fondé notamment par Georges Duhamel et le poète Charles Vildrac).

Le manque de confort n'empêche pas une ambiance chaleureuse et festive. « Nous faisions du théâtre, des scénarios, de la musique, des soirées poétiques où mes explications de Villon, de Mallarmé, Verlaine ou Baudelaire tenaient une place privilégiée. Doucet m'avait fait acheter un harmonium au marché aux puces et Drouard jouait du violon. J'avais pour ami l'acteur Saturnin Fabre. Nous faisions des photographies théâtrales à l'intérieur ou dans le jardin derrière la palissade. Il y avait aussi des parties d'échecs savantes ou silencieuses. On préparait le bal des Quat'z'Arts, longtemps à l'avance, avec beaucoup d'imagination. Bien entendu, il y avait aussi des femmes : Lucie Gazan, Raymonde, la maîtresse de Drouard, Adelita, Clotilde et aussi Adrienne qui servira de modèle à Modigliani. Les artistes amenaient aussi souvent des ouvrières couturières qui étaient de petites femmes très libres[41]. »

Atelier d'Amedeo Modigliani (1907-1909)

En novembre 1907, malgré l'aide de sa famille, Modigliani est dans une situation inconfortable. Il se voit expulsé de son atelier de la place Jean-Baptiste-Clément dont il n'arrive plus à payer le loyer. Alors qu'il traîne un soir au Lapin Agile, il retrouve son ami Henri Doucet qui lui propose de venir au Delta, où il pourra demeurer sans problème.

Modigliani arrive le lendemain avec la belle, élégante et mystérieuse Maud Abrantès. Elle aussi veut devenir peintre ; en attendant, elle pose pour son amant italien. Il existe d'elle un très beau tableau, peint en 1907 ou 1908, conservé au musée Hecht à Haïfa. Bien qu'il soit le plus souvent aimable en société, l'artiste n'a

Autoportrait d'Amedeo Modigliani (sans date).

guère la fibre communautaire. Il travaille rue du Delta et y laisse son matériel mais préfère dormir avec Maud dans un petit hôtel de la rue Caulaincourt. Paul Alexandre se souvient : « Modigliani charmait dès l'abord. Faisant confiance à l'individu qu'on lui présentait, il se montrait sans masque, sans paravent, sans réticences. Il avait quelque chose de fier dans l'attitude et une poignée de main loyale[42]. » Rapidement, Modigliani devient le centre du petit groupe, à tel point que seules ses œuvres ont le privilège d'être accrochées sur les murs. C'est ici qu'il peint *La Juive*, portrait d'une amie de Paul Alexandre, qu'il exposera au Salon des indépendants du printemps 1908. Le tableau, sur fond bleu, convoque Cézanne, Picasso et Toulouse-Lautrec en une admirable synthèse. Paul Alexandre n'est pas fortuné mais comprend qu'il a affaire à un artiste d'exception et lui achète le tableau (une centaine de francs). Il devient le premier collectionneur de Modigliani et son « mécène », à la hauteur de ses moyens, achetant des dessins, à l'occasion un tableau, ou payant les modèles. À l'admiration s'ajoute l'amitié. Ensemble, ils vont au théâtre, au musée, voir des expositions. Modigliani fait découvrir à Alexandre *Les Chants de Maldoror* bien avant l'engouement surréaliste pour Lautréamont. Comme Picasso, Amedeo distingue immédiatement la bonne poésie de la mauvaise. En retour, c'est Paul qui lui fait visiter le musée Guimet, les départements ethnographiques du Louvre et du Trocadéro. L'Italien s'ouvre alors à l'art oriental et à l'art nègre qui sera bientôt à la mode mais dont on peut sentir l'influence précoce chez Modigliani. C'est Paul encore qui pousse son ami à s'inscrire à la Société des artistes indépendants. Pour une somme modique, il peut ainsi exposer, ce qu'il fait au printemps 1908, avec *L'Idole*, *La Juive*, *Buste de jeune femme nue*, *Nu assis* et deux dessins. Pour les deux derniers tableaux, c'est Jeanne, jeune prostituée et patiente de Paul Alexandre, qui pose. La presse ne souffle pas un mot de la manifestation.

Amedeo Modigliani,
Portrait de Maud Abrantès, 1907.

Pour des raisons que l'on ignore, Maud Abrantès part fin 1908 pour les États-Unis. Peut-être parce qu'elle est enceinte et que Modi, comme il le fera par la suite (jusqu'à Jeanne Hébuterne), refuse de reconnaître l'enfant. Ou de l'épouser. Elle monte à bord de *La Lorraine* non sans adresser une dernière carte postale à Paul Alexandre, rédigée sur la face photographiée représentant le bateau sur lequel elle vogue. Pour autant que je puisse la déchiffrer : « Demain c'est l'arrivée. Lisez-vous toujours Mallarmé [?] Je ne saurais vous dire combien je me sens privée de toutes ces charmantes soirées que nous avons passées ensemble, réunis autour de votre [?] feu ! Ah les [?] temps ! Meilleurs souvenirs de Maud Abrantès[43]. »

Au même moment, André Warnod rencontre Modigliani. « C'est le haschisch qui me lia avec Modigliani. [...] Nous fîmes connaissance, rue du Delta, dans un singulier phalanstère que le docteur Alexandre, alors interne à Lariboisière, avait installé dans un pavillon abandonné appartenant à la Ville de Paris. On fêtait ce soir-là le réveillon de Noël 1908, et le haschich menait le tumulte[44]. » Il fournit par ailleurs davantage de détails sur cette chaude soirée d'hiver : « Les organisateurs avaient fait venir un tonneau de vin de je ne sais plus quel vignoble. La maison avait été décorée par le peintre Doucet et il y avait une profusion de nourriture, et puis le haschisch qui donna tout de suite à la fête un caractère extraordinaire. Modi en était le grand maître. Je me souviens de Utter dansant, ses cheveux blonds dardaient comme une flamme ardente en haut de sa tête ; de Jean Marchand, étendu sur un canapé, les bras grands ouverts, gémissant et pleurant parce qu'on lui avait dit qu'avec sa barbe, il ressemblait au Christ en croix, et que, la drogue aidant, il le croyait[45]. » La semaine suivante, pour le réveillon de la Saint-Sylvestre, le tumulte est encore plus grand, Modigliani provoquant même un incendie, heureusement sans grandes conséquences.

S'il est sympathique et séduisant, Modigliani est aussi capricieux et sujet à d'inquiétantes sautes d'humeur. Un jour, au Delta, sans que l'on en sache la raison, il entre en fureur, brise les sculptures, lacère les toiles de ses amis en éructant des inepties. Un témoin assure qu'il « avait l'air spectral par sa pâleur et par sa maigreur[46] ». Il revient s'excuser quelques jours plus tard et peint un très beau portrait de Maurice Drouard (1909). Mais le mal est fait et ses compagnons se méfient de lui.

> ***« C'est le haschisch qui me lia avec Modigliani. [...] Nous fîmes connaissance, rue du Delta, dans un singulier phalanstère que le docteur Alexandre, alors interne à Lariboisière, avait installé dans un pavillon abandonné. »***
>
> **André Warnod**

Il erre dans les rues, de bar en bar, souvent accompagné par son ami Utrillo, déclamant de la poésie (Dante, D'Annunzio, Leopardi...) tandis que son acolyte imbibé hurle des insanités. « C'était presque tragique de les voir se promener tous les deux bras dessus, bras dessous en équilibre instable, l'un peu sûr, l'autre comme s'il voulait s'envoler d'un instant à l'autre. Le forcené amateur de jus de raisin et le dégustateur de drogues orientales qui ne dédaignait pourtant pas un bon verre de vin rouge ; l'un avec son aspect franchement populaire, l'autre avec sa démarche très aristocratique malgré ses vêtements en piètre état », se souvient André Warnod[47].

Mécontent de lui-même, convaincu qu'il n'a pas encore trouvé sa voie, Modigliani a besoin d'élargir ses horizons. Ses frasques au Delta l'ont éloigné de ses compagnons. Et il lui faut de la place pour se consacrer exclusivement à la sculpture, comme il le souhaite, après avoir profité de l'aide de Brancusi et de Drouard. Au printemps 1909, il part donc se rapprocher de Brancusi, à la cité Falguière de Montparnasse.

L'aventure du Delta ne s'arrête pas pour autant. Les activités se poursuivent jusqu'en juillet 1913, date à laquelle la Ville de Paris récupère le lieu. Paul Alexandre décide de poursuivre l'expérience ailleurs, au 10, place Dancourt, juste à côté du théâtre de Montmartre, futur théâtre de l'Atelier. La décoration est réalisée d'après les idées de Modigliani car les deux amis sont restés en contact. Alexandre, qui avait l'intention de faire un livre des lettres échangées avec Modigliani et de ses archives, n'accomplira pas son œuvre. Son fils le fera, nous offrant cette merveille qu'est *Modigliani inconnu*, comprenant tous les dessins et aquarelles appartenant à son père.

La Grande Guerre sépare les deux amis pour toujours. Mobilisé, Paul Alexandre passe tout le conflit au front. Modigliani, déclaré inapte au service, voyage en Italie et se consacre à la sculpture et à la peinture à Montparnasse, ne revenant sur la Butte que pour de courts séjours. Il meurt en janvier 1920.

9 Rue de Douai

Chez Toulouse-Lautrec (1898-1901)

Carte 15

C'est au premier étage de cette maison que Toulouse-Lautrec vit de 1898 à 1901, dans un vaste appartement de cinq pièces où loge aussi sa mère. Son atelier se trouve alors à quelques pas, au 15, avenue Frochot. Sa santé physique et mentale est précaire, et même de plus en plus fragile. Sa mère lui procure une femme de charge, Berthe Sarrazin, qui veille sur lui. L'artiste multiplie les crises, est interné un moment. Devant la dégradation de son état de santé, sa mère le fait venir au château familial de Malromé, en Gironde, où il meurt le 9 septembre 1901, à l'âge de trente-sept ans.

Toulouse-Lautrec peignant
le *Bal du Moulin Rouge*
dans son atelier, en 1890.

60 Rue de Douai

Atelier de Pierre Bonnard (1905-1910)

Carte 16

Son succès allant croissant, Bonnard, tout en continuant à vivre au n° 65, prend en 1905 un atelier dans cet ancien couvent. On peut encore en voir les verrières, sur la rue.

S'il fréquente le grand monde (Misia, Thadée Natanson, Alfred Edwards…), Bonnard prend aussi soin de maintenir ses distances. Il est, au fond, un itinérant, avec une base parisienne. Il a déjà beaucoup voyagé, en Algérie, en Tunisie et dans le midi de la France, région qui ne cessera de l'enchanter. Il y est allé pour la première fois en 1904, mais ce n'est qu'à son second voyage, plus long, en 1909, qu'il éprouve comme tant d'autres (Matisse, Derain, Soutine…) l'éblouissement du Sud, de sa lumière, de sa végétation. À Saint-Tropez notamment, soit lors de longs séjours chez son ami le peintre Henri Manguin, soit en y louant une villa. Il apprécie aussi le Jura paternel mais plus encore la Normandie, berceau de l'impressionnisme, à la si douce lumière. Il partage donc son temps et les saisons entre la Normandie et le Sud (Saint-Tropez, Le Cannet, où il vivra les dernières années de sa vie), ces deux pôles s'articulant à partir de Paris, rue de Douai et, plus tard, cité des Fusains.

Bonnard aime la ville non pas tant pour l'architecture que pour ses habitants, ses travailleurs, l'animation traduite par des tourbillons de chair, de textiles, de couleurs. Avec des peintures comme *Le Pont du Carrousel* (1903), *Deux élégantes, place Clichy* (1905) ou *La Loge* (1908), il est à sa manière le peintre de la vie moderne décrit par Baudelaire. La campagne est pour lui un besoin. En Normandie comme dans le Midi, il peut travailler plus sereinement en étant isolé. Ses paysages sont le plus souvent luxuriants et lumineux. Mais Bonnard excelle dans les scènes d'entre-deux, où la nature est visible

Modèle retirant sa blouse dans l'atelier parisien de Bonnard.

de l'intérieur, par une fenêtre ou, plus souvent encore, par une porte largement ouverte sur un jardin ou un paysage. Le spectateur est à la fois dehors et dedans, jouissant de la nature en même temps que du confort domestique. Un dialogue s'instaure entre l'intérieur et l'extérieur, entre nature et culture.

Les scènes domestiques animées ou en nature morte sont un autre sujet de prédilection du peintre, à Paris comme à la campagne. Bonnard continue d'exalter l'intimité sensuelle, et c'est sans doute ici qu'il réalise le sublime *Nu à contre-jour* (1908). À partir de Manet ou Degas, mais avec bien sûr un traitement différent, il peint de magnifiques nus au bain, mettant en scène Marthe ou d'autres modèles : *Nu en hauteur* (1906), *Femme penchée* (1907), *Dans le cabinet de toilette* (1907). La sensualité féminine sera, sous diverses formes, l'un des sujets majeurs de son art. Il commence à expérimenter le travail avec le miroir (*Effet de glace,* 1909), qu'il poursuivra sa vie durant, traitant avec beaucoup d'intelligence les angles de vision, l'illusion spatiale ou sa démultiplication. Si Bonnard semble moins spectaculaire que certains avant-gardistes de l'époque, il règle à sa manière les problèmes de la spatialité et de la composition : « Le pouvoir d'invention réside davantage dans la mise en place et dans le sens des proportions. Tout l'art est composition : c'est la clef de tout[48]. »

Enfin, les portraits. Ceux des amis, de Misia notamment. *La Loge* de 1908 est une commande dans laquelle Bonnard fait preuve d'un art étonnant de la composition. Les protagonistes, accompagnés de leurs épouses, sont ses marchands, les frères Bernheim : Gaston, debout au premier plan, moitié supérieure du visage coupée, sa femme Suzanne à sa gauche et, à l'arrière-plan, son frère Joseph (Josse) et sa femme, Mathilde. Le portrait d'Ambroise Vollard (1904-1905) présente une scène d'intérieur dans laquelle le marchand est assis dans un fauteuil, caressant un chat. Bonnard aime représenter les gens dans leur milieu : il répond ainsi en janvier 1905 au peintre allemand Curt Herrmann, qui lui demande de portraiturer sa femme, qu'il lui faudrait venir à Berlin.

Pierre Bonnard, *Dans le cabinet de toilette*, 1907.

Pierre Bonnard, *Deux élégantes, place Clichy*, 1905.

Cet admirateur de Matisse – et la réciproque est vraie – est un fidèle qui ne laisserait jamais l'ombre d'une quelconque rivalité assombrir le ciel de leur amitié. Si, en peignant *Le Bonheur de vivre* (1905-1906), Matisse intègre des avancées de Bonnard (influence de Gauguin, combinaisons de couleurs ou traits en aplat), la démarche relève plutôt de préoccupations communes que d'un plagiat. Les deux hommes, dans l'estime réciproque, s'écriront jusqu'à la mort de Bonnard. Il en va de même avec Vuillard, dont l'amitié date de 1891 et durera jusqu'à la disparition de celui-ci, en juin 1940. L'évitement des conflits, la délicatesse des sentiments se lisent dans une peinture développant des sensations subtiles. Même les explosions lumineuses sont douces. Les scènes érotiques sont dénuées de culpabilité ou de provocation ; la sensualité s'affirme, s'exhibe mais non sans pudeur.

En avril 1906, Bonnard expose à la galerie Vollard et, pour la première fois, à la galerie Bernheim-Jeune en novembre. Félix Fénéon y est conseiller. Un autre Félix, Vallotton, l'ami des nabis, lui a présenté Josse et Gaston Bernheim en 1900. Tissée de confiance réciproque, leur amitié professionnelle prend une tournure rare : sans contrat, les Bernheim deviennent ses banquiers, s'occupent de ses factures. Pendant la crise des années 1930, ils maintiendront ses prix. Plus tard encore (1965), ce sont Jean et Henry Dauberville qui publieront les quatre volumes du *Catalogue raisonné de l'œuvre peint de Bonnard*... chez Bernheim-Jeune éditeur[49].

Selon certains critiques, dont Nicholas Watkins, c'est en 1907-1908, et donc dans cet atelier lorsqu'il est à Paris, que Bonnard atteint sa « maturité artistique, largement grâce à Degas qui lui aura fourni les moyens d'échapper au carcan naturaliste imposé par le modèle et de traiter le sujet du nu en tant qu'art, entraînant le spectateur dans la logique interne de la toile, de sorte que le personnage est perçu comme un élément du décor[50]. » La lumière, qui baigne depuis toujours son œuvre, devient alors « un élément clé dans la construction » de ses œuvres.

Après une bonne dizaine d'années passées rue de Douai, Bonnard quitte son atelier en 1910. S'il prend un temps un atelier au 21, quai Voltaire, dans le même immeuble que Misia, il revient vite sur la Butte, à la cité des Fusains, dans un atelier qu'il gardera jusqu'à la fin de ses jours (voir p. 224).

65 Rue de Douai

Chez Pierre Bonnard (1899-1909)

Carte 17

Pierre Bonnard a trente et un ans et n'est déjà plus un inconnu. Depuis dix ans, il est l'un des principaux animateurs du groupe des nabis, avec Vuillard, Denis et Sérusier notamment, qui prolonge en quelque sorte l'expérience impressionniste sous l'égide de Paul Gauguin. Au fil de la décennie écoulée, Bonnard hante le quartier, oscillant entre les Batignolles (son premier atelier fut au 14, rue Lechapelais, de 1889 à 1891) et le Bas Montmartre, partageant un atelier au 28, rue Pigalle avec Maurice Denis et Édouard Vuillard (1891-1896), pour retourner aux Batignolles (1896-1899) avant de s'installer rue de Douai en 1899. On le verra grimper un peu plus tard sur la Butte, rue Lepic et aux Fusains, rue Tourlaque (voir p. 224).

Dès son arrivée dans cet atelier, Bonnard magnifie l'intimité sensuelle, avec la commande (par Vollard) d'illustrations pour *Parallèlement* de Verlaine (1900) ou les merveilles que sont *L'Indolente* (1899), *La Sieste* (1900), et peut-être même *Les Jarretières rouges* (1905), peintes ici ou en face, au n° 60.

Grand coloriste, capable de faire exploser la lumière dans les paysages comme dans les scènes d'intérieur, Bonnard se veut également un artiste plus complet, ne méprisant pas la décoration. Aussi confie-t-il à Gaston Diehl : « Je ne me suis jamais considéré comme une espèce de génie. Et quand la peinture ne me permettait pas d'en vivre suffisamment, je réalisais toute espèce de travaux : étoffes, paravents, meubles. Beau rôle que celui de poète s'il vous condamne à être banni de la République[51]. » Déjouant Platon, on peut considérer Bonnard comme un poète dans la Cité, qui s'en exclut lui-même lorsqu'il en a envie ou besoin. Le peintre, en effet, ne fuit pas le monde ; il est notamment l'ami des frères Natanson – fondateurs de la fameuse *Revue blanche*, grande rivale du *Mercure de France* et qui accueille entre autres Verlaine, Félix Fénéon, Marcel Proust, Jarry, Péguy, Gide, Debussy... et prend parti pour le capitaine Dreyfus – et plus particulièrement de Thadée, dont l'épouse Misia[52] est la coqueluche du Tout-Paris. Pour elle, Bonnard peint quatre flamboyants tableaux décoratifs destinés à son appartement parisien (débutés en 1906). Et Misia apparaît dans plusieurs de ses toiles : son beau profil est révélé dans *Le Pont des Arts* (1905) et on peut admirer son portrait avec Thadée (1902) ou la voir encore dans le riche intérieur de son nouveau mari, Alfred Edwards (1906).

En 1905, ses affaires se portant mieux, Bonnard décide de demeurer ici (jusqu'en 1909) tout en prenant un atelier en face, au n° 60 (voir p. 60).

19 Rue Pierre-Fontaine
Carte ⑱

Atelier d'Edgar Degas (vers 1878-1882)

Selon certaines sources, Edgar Degas aurait loué dès 1878 cet atelier dans lequel il modèle une sculpture en cire, *La Petite Danseuse de quatorze ans*. Dans sa longue carrière, le peintre et pastelliste a aussi beaucoup sculpté. On a retrouvé à sa mort pas moins de cent cinquante œuvres en

Edgar Degas,
La petite danseuse de quatorze ans,
vers 1880.

cire ou en terre, mais l'artiste ne les montrait pas[53]. Celle-ci, seule, fut exposée au printemps 1880 puis l'année suivante.

D'après d'autres sources, c'est en 1879 que l'artiste se serait installé au cinquième étage dans un vaste appartement sur rue tandis que l'atelier aurait été dans la cour. Quoi qu'il en soit, Degas vit et travaille ici jusqu'en juin 1882. Mais il semblerait qu'il ait gardé encore quelque temps cet atelier.

Atelier de Toulouse-Lautrec (1887-1891)

Quittant son atelier de la rue Caulaincourt (voir p. 112), Henri de Toulouse-Lautrec revient à deux pas de son ancienne adresse, lorsqu'il était accueilli par son ami Albert Grenier, en 1884. C'est un autre ami, le docteur Henri Bourges, qui le reçoit à présent, en 1887. Il travaille ici jusqu'en 1891. Le docteur Bourges et lui-même déménagent alors à peine plus loin, au n° 21 de la même rue (voir notice suivante).

21 Rue Pierre-Fontaine

Atelier de Toulouse-Lautrec (1891-1893)

Carte 19

Avec son ami le docteur Bourges, Toulouse-Lautrec quitte en 1891 le n° 19 de la rue pour habiter ici. Ils occupent un vaste appartement de cinq pièces au deuxième étage de l'immeuble. Mais fin 1893, le médecin se marie et le peintre doit quitter les lieux. Il retourne alors à son atelier de la rue Caulaincourt (voir p. 112), vraisemblablement en janvier 1894.

30 Rue Pierre-Fontaine

Chez Toulouse-Lautrec (1895-1897)

Carte 20

Henri de Toulouse-Lautrec quitte la rue Caulaincourt (voir p. 112) pour prendre ici, en 1895, un vaste appartement de cinq pièces, à l'entresol gauche. Mais l'artiste ne tient pas en place. Deux ans plus tard, c'est pour le 5, rue Frochot qu'il part.

André Breton dans son bureau, vers 1950.
© Boris Lipnitzki/Roger-Viollet

42 Rue Pierre-Fontaine

Atelier d'André Breton (1922-1966)

Carte 21

Alors que la plupart des écrivains et artistes quittent la Butte autour de la Grande Guerre, les surréalistes font, pour certains, le trajet inverse. Jean Arp (en 1922), Max Ernst (1925) et Miró (1926) arrivent tous trois à la cité des Fusains. L'initiateur de ce mouvement – en cela comme en d'autres choses – est André Breton.

C'est le 1er janvier 1922 que le pape du surréalisme et sa femme Simone s'installent à cette adresse, au quatrième étage, dans l'ancien appartement du frère de Jacques Rigaut. Breton y vit jusqu'en 1949, date à laquelle il déménage à l'étage inférieur, plus spacieux et qu'il occupe jusqu'à sa mort en 1966.

S'écoule une vie rangée, régulière dans son ordonnancement : le jour, il travaille à la bibliothèque Doucet où il classe les manuscrits. Le soir, de 18 h 30 à 19 h 30, réunion au café, le plus souvent au Cyrano de la place Blanche (voir p. 35). Suit un dîner dans un restaurant abordable du quartier ou, avec quelques élus, à la maison. Après divers jeux et expériences, le couple va se coucher.

> ***J'habite depuis deux mois place Blanche [...] Je ne me souviens pas d'avoir vécu ailleurs ; ceux qui disent m'avoir connu doivent se tromper.***
>
> **André Breton**

L'appartement est divisé en deux parties, « une pièce de bruit et de lumière, une de silence et d'ombre », écrit Simone, quelques jours après son arrivée, à sa cousine Denise Lévy. Les fenêtres de la pièce lumineuse donnent vers le boulevard de Clichy. Julien Gracq ne partage pas l'avis de l'occupante : « Les deux pièces, décalées en hauteur par un court atelier, même par les jours de soleil et malgré ses hauts vitrages d'atelier, m'ont toujours paru sombres. La tonalité générale, vert sombre et brun chocolat, est celle des très anciens musées de province[54]. »

Quoi qu'il en soit, le lieu devient vite, avec Le Cyrano, l'épicentre du surréalisme. « J'habite depuis deux mois place Blanche. L'hiver est des plus doux et, à la terrasse du café voué au commerce des stupéfiants, les femmes font des apparitions courtes et charmantes. Les nuits n'existent guère plus que dans les régions hyperboréennes de la légende. Je ne me souviens pas d'avoir vécu ailleurs ; ceux qui disent m'avoir connu doivent se tromper. » Et Breton poursuit : « N'empêche que je ne désespère point de me reprendre et qu'à l'entrée de 1922, dans ce beau Montmartre en fête, je songe à ce que je puis encore devenir[55]. » L'arrivée à Montmartre est pour lui un renouveau et correspond à un tournant de sa vie. La rupture avec Dada se vit brutalement, notamment lors de la préparation d'un « congrès international pour la détermination des directives et la défense de l'esprit moderne » (appelé aussi congrès de Paris) qui n'aura finalement pas lieu. Breton se rapproche de Picabia ; Soupault, en conflit avec ce dernier, quitte leur revue, *Littérature.* Laquelle s'achemine vers une nouvelle série, subventionnée pour partie par le couturier et collectionneur Jacques Doucet et diffusée par Gaston Gallimard.

Le 25 septembre 1922, les amis surréalistes, à l'initiative de Crevel, se réunissent rue Fontaine pour leur première séance de sommeil hypnotique. Péret et Desnos se révèlent par-

Gravure de Louis Marcoussis
représentant André Breton (sans date).

ticulièrement doués. De nombreuses autres auront lieu dans cet appartement jusqu'à la fin de l'année, parfois même en l'absence de Breton. L'effet émotionnel est énorme chez certains participants. Breton y cherche une levée de refoulement – il a rencontré Freud l'année précédente – et des révélations que l'état de veille ne permet pas. Mais l'intensité est telle que Breton décide d'arrêter l'expérience au début de l'année suivante.

L'appartement est aussi le théâtre d'autres jeux, tels les fameux cadavres exquis inventés rue du Château, à Montparnasse ; ils sont considérés d'abord comme une activité ludique qui permet des découvertes, des rapports incongrus ouvrant des voies nouvelles de création.

L'appartement est aussi un musée en soi. Gracq l'a remarqué bien au-delà de la simple couleur de la peinture : « Plus qu'au trésor d'un collectionneur, le fouillis, impossible à dépoussiérer complètement, des objets aux reliefs anguleux, objets presque tous légers : masques, tikis, poupées indigènes où dominent la plume, le liège et le bouchon de paille, fait songer à première vue, avec ses armoires vitrées qui protègent dans la pénombre une collection d'oiseaux des tropiques, à la fois à un cabinet de naturaliste et à la réserve, en désordre, d'un musée d'ethnographie[56]. » À cette liste, on peut ajouter un oursin fossilisé, un os de baleine gravé, des cigales momifiées, une amulette égyptienne, des papillons… et des tableaux de Picabia, de Chirico, de Miró et d'anonymes divers.

Tous les témoins s'accordent sur le caractère hétéroclite, parfois ésotérique de ce cabinet de curiosités à dimension d'habitation, qui fait figure d'œuvre d'art ou d'autoportrait. On y circule mal, les objets mangent peu à peu l'espace, aussi faut-il suivre un parcours singulier pour se déplacer. Cette prodigieuse collection, soigneusement maintenue dans l'appartement par l'épouse de Breton, n'a pu être conservée au-delà de 2003. Sa fille l'a dispersée à Drouot mais le « mur » de l'atelier est visible au musée national d'Art moderne. On peut également visiter le site dédié à Breton où chaque objet est distingué et identifié : www.andrebreton.fr/thewall.

4 Rue Frochot

Atelier d'Edgar Degas (1876-1877)

Carte 22

Devant partir en catastrophe de la rue Blanche (voir p. 45), Degas emménage ici en avril 1876, dans un grand appartement au premier étage doublé d'un vaste « atelier de photographie ». Le graveur Marcellin Desboutin écrit à la femme du peintre De Nittis : « Il a réussi (un vrai chanceux) à trouver la veille du jour où il allait être dehors et sans abri, le plus merveilleux appartement et atelier qu'on eût pu rêver pour lui si on avait pris le patron sur la forme de son cerveau et la nature de ses habitudes[57]. »

En juillet, Degas commence à s'intéresser à la gravure et se tourne, pour ses tableaux, vers de nouveaux sujets. Les scènes, parfois lestes, de cafés ou de boudoirs, sont confiées à la galerie Boussod, Valadon & Cie, n'étant pas assez sérieuses pour Durand-Ruel. Chez ce dernier, Degas expose en avril 1877 une bonne vingtaine de toiles et pastels et trois groupes de monotypes.

Devant vendre la rue Frochot, il trouve à louer sur la Butte, au 50, rue Lepic (voir p. 148).

5 Villa de Guelma (cité d'artistes)

Carte 23

Atelier de Suzanne Valadon / chez Maurice Utrillo (1909-1911)

Mariée à un bourgeois, l'impétueuse et insoumise Suzanne Valadon s'ennuie dans une vie banlieusarde et sans relief. En 1908, elle rencontre un ami de son fils, André Utter, qui a un peu plus de deux ans de moins que lui… et plus de vingt ans de moins qu'elle ! Suzanne est subjuguée par la beauté du jeune homme au corps athlétique. Tous deux entament une relation amoureuse qui correspond pour la dessinatrice de talent qu'est Suzanne Valadon au passage à la

Suzanne Valadon, *Adam et Ève*, 1909.
Sur ce tableau, l'artiste se met en scène avec son amant André Utter.

peinture. C'est fraîchement arrivée villa de Guelma, en 1909, qu'elle peint *Adam et Ève*, la représentant elle et son jeune amant, nus.

Le fils de Suzanne, Maurice Utrillo, boit énormément. Il a commencé très tôt, seul, peut-être en attendant le train le soir pour rejoindre la maison de Montmagny alors qu'il étudiait au lycée Rollin (actuel lycée Jacques-Decour, avenue Trudaine), entre treize et seize ans. Rien ni personne

Suzanne Valadon, *Utrillo pensif*, 1901.
© Philippe Migeat/RMN-GP

ne semble pouvoir le détourner de l'emprise de l'alcool ; il fait de véritables crises, menace ses proches si on ne lui donne pas du vin rouge, toujours rouge. Sa première crise d'éthylisme date de 1904 et lui vaut de passer cinq mois à Sainte-Anne. À sa sortie, sur les conseils d'un médecin, sa mère tente de le calmer et de l'occuper à autre chose en lui donnant des pinceaux, des tubes de couleur et en lui apprenant les rudiments de son art. Au début, Maurice répugne à l'exercice, puis y prend goût et s'y consacre méticuleusement.

Un marchand d'art, Louis Libaude, le remarque et achète son premier tableau, *Notre-Dame de Paris*. C'est un moment important pour Utrillo puisqu'il prouve que sa peinture vaut quelque chose et signe le début de sa fameuse période blanche, sans doute sa meilleure. Il utilise du blanc de zinc qu'il ajoute à du plâtre de Montmartre – la Butte repose sur du gypse –, ce qui fait de lui le plus montmartrois des peintres, puisque le sol même est incorporé à ses œuvres !

Utrillo, qui ne se prend pas encore pour un grand artiste, réalise que la peinture a d'autres vertus que théra-

peutiques : la vente d'un tableau, ne serait-ce que d'un bout de carton peint, lui permet d'acheter du vin. Il reprend le chemin du bistrot et boit jusqu'à l'ivresse la plus noire, la plus délirante. Ce qui devait le distraire de ses penchants devient la source financière lui permettant d'assouvir son vice.

En 1911, Suzanne Valadon reprend l'atelier que quitte Émile Bernard au 12, rue Cortot (voir p. 124). Maurice suit.

Atelier de Georges Braque (1912-1913)

Après avoir passé une bonne partie de l'année 1911 avec Marcelle à Céret, Georges Braque s'installe ici en 1912. Avec Marcelle ou plutôt à côté d'elle, chacun ayant son studio dans cet immeuble où vivent également Raoul Dufy, André Utter et Gino Severini. Ce dernier est juste en dessous de l'atelier de Braque ; le futuriste se lie au cubiste, qui lui présente Picasso.

Braque a rencontré Marcelle Lapré en 1908 et ne l'épousera qu'en 1926. Mais leur destin commun est scellé dès leur emménagement villa de Guelma. Le couple est stable, uni, fidèle malgré les nombreuses sollicitations féminines dont Braque peut faire l'objet. Marcelle et Georges voient fréquemment le peintre

Georges Braque dans les années 1920.

Henri Laurens et son épouse. Les deux hommes ont plusieurs passions communes : la boxe, le cyclisme, les voitures et surtout leur métier, sujet inépuisable nourrissant des discussions qui durent des heures. Braque n'hésite pas à dessiner un schéma sur le mur de l'atelier de Laurens pour se faire mieux comprendre. Picasso fait aussi partie du premier cercle, même si la rupture avec Fernande déconcerte Marcelle, qui s'entendait très bien avec elle.

En mars, Braque participe à deux expositions en Allemagne, à Munich puis à Cologne. C'est l'année où Picasso invente le collage avec sa *Nature morte à la chaise cannée*. Braque, lui, a rapporté de Céret un *Hommage à J. S. Bach*, première toile où il utilise le peigne à faux bois, résurgence de son apprentissage en peintre en bâtiment. Les Braque passent l'été 1912 avec Picasso et Eva à Sorgues, près d'Avignon. Les deux artistes travaillent, se rendent à Marseille pour acheter des statuettes africaines. On a beaucoup glosé sur la naissance de l'intérêt pour l'art nègre, Derain, Vlaminck, Matisse ou Picasso étant tour à tour donnés pour initiateur de cet engouement. Mais il semblerait que, dès 1905, Braque ait acheté à un ami de son père un masque tribal. Il a poursuivi sa collection avec un authentique masque fang en 1910 puis avec un objet sénoufo, des statuettes bambaras du Mali et diverses sculptures. Plusieurs photos de ces années le montrent chez lui, entouré d'instruments de musique, de statuettes et de masques africains.

À Sorgues, Braque montre à Picasso sa dernière invention : du papier collé imitant le bois, *Compotier et verre*. Rentré à Paris, Picasso, désormais installé à Montparnasse, lui écrit « J'emploie tes derniers procédés papieristiques et pusiereux », consistant dans l'ajout de matières hétérogènes à la peinture. Ce même automne paraissent les premiers textes théoriques sur le cubisme, l'article d'Apollinaire « Naissance du cubisme » puis le livre de Gleizes et Metzinger, *Du « cubisme »*. Braque se méfie des théories, surtout de celles émanant de ces artistes de la Section d'or.

En novembre, Braque signe un contrat d'exclusivité d'un an avec Kahnweiler, qui le paie au quart de ce qu'il donne à Picasso. Les rapports entre l'artiste et son marchand ne seront pas toujours simples, le second ergotant sur les prix et préférant manifestement Picasso.

Au tout début de l'année 1913, Braque déménage son atelier de l'autre côté de la Butte, à l'hôtel Roma, au 101, rue Caulaincourt (voir p. 116).

La villa des Arts

15 Rue Hégésippe-Moreau
Carte 24

Ce magnifique ensemble a été construit en 1890 sous la direction d'Henri Cambon, pour l'essentiel avec les matériaux récupérés du pavillon des Machines de l'Exposition universelle de 1889, devenant ainsi « le premier ensemble d'habitation en structure métallique dans l'histoire de l'architecture[58] ». On y trouve aussi une réplique de l'escalier de la gare Saint-Lazare.

Une soixantaine d'ateliers ont accueilli d'illustres artistes et d'autres moins fameux aujourd'hui mais connus en leur temps, tels Eugène Carrière, Benjamin-Constant ou Théodore Rousseau.

Dans l'un des ateliers de la villa des Arts où travaille le sculpteur István Kilár.

Atelier de Léon Bonnat

Même si son nom ne résonne plus de nos jours avec beaucoup d'éclat, Bonnat eut ici un atelier où il prodiguait des cours privés. Parmi ses élèves, Toulouse-Lautrec, fraîchement arrivé à Paris. Ce dernier écrit à son père qu'il se sent bien chez Bonnat, que l'accueil est bon, que l'on n'y « boxe » pas trop malgré le tapage et qu'on y trouve beaucoup d'Anglais et d'Américains. « Me voilà donc absolument lancé. Dessiner, dessiner, c'est la question[59]... »

Léon Bonnat, *Autoportrait* (dédié à son ami Henry Walters), 1895.

Atelier de Paul Signac (vers 1889-1899)

Le divisionniste Paul Signac vit et travaille ici quelques années. Les dates sont floues mais on peut situer sa présence, même de façon intermittente, entre 1889 et 1897 ou 1899, sachant qu'à partir de 1892 il passe une partie de son temps à Saint-Tropez où il se fait construire une maison. C'est à la villa des Arts qu'il peint le portrait de son ami Félix Fénéon (1890). La mort brutale de Georges Seurat, en 1891, laisse un grand vide que Signac essaie de combler. Il animera, jusqu'à sa mort en 1935, le Salon des indépendants.

Atelier de Paul Cézanne (1898 à 1901)

Cézanne a connu un certain succès trois ans auparavant avec l'exposition chez Vollard (à laquelle il n'a pas assisté). Il ose à peine y croire. Chez lui, à Aix, on continue à le prendre pour un « fada » et on ne comprend pas l'engouement soudain de certains Parisiens qui transparaît dans les journaux. D'une certaine manière, l'artiste vient vérifier à Paris par lui-même la nature de cet enthousiasme. Montmartre, il connaît, ayant eu un atelier rue Ballu et fréquenté les cafés Guerbois et de la Nouvelle Athènes. Au début de l'année 1898, il prend rue Hégésippe-Moreau un atelier décoré par des dessins de... Forain !

Le maître d'Aix commence le portrait de son galeriste, Ambroise Vollard. Plus d'une centaine de séances, de 8 heures à 11 heures 30, durant lesquelles Vollard doit rester aussi silencieux qu'immobile. Cézanne ne supporte pas le bruit, surtout celui de l'ascenseur voisin. Et si l'on doit parler, entre les séances, il faut surtout éviter les sujets qui fâchent : ses confrères et la littérature. À la fin de la série de séances, même s'il n'est pas sûr d'avoir achevé son tableau, Cézanne se dit satisfait du devant de la chemise, d'un blanc éclatant. Il menace de la terminer en rentrant

Paul Cézanne, *Autoportrait au melon*, 1892.
© Stalens Museum Copenhague/DR

d'Aix mais, finalement, n'y reviendra pas.

En mai et juin, Vollard expose une soixantaine de ses tableaux. Paul Signac (qui a habité la villa des Arts) écrit : « Devant un tronc d'arbre, Cézanne découvre les éléments de beauté qui échappent à tant d'autres. Toutes ces lignes qui s'entrelacent, se caressent, s'enveloppent, tous ces éléments colorés qui se recouvrent, se dégradent ou s'opposent, il s'en empare et les dispose[60]. »

L'artiste est distingué, pas encore consacré. En janvier 1899, Sisley meurt. À l'initiative de Monet, une vente des tableaux des artistes de l'atelier, augmentée de dons d'amis artistes, est organisée pour ses enfants afin de leur éviter la misère. Une toile de Cézanne part pour 2 300 francs et une autre pour 6 750 francs, un record. Le public bruisse de mécontentement. Alors, « un homme se lève, massif, puissant, défiant la foule : "C'est moi l'acheteur, dit-il. Je suis Claude Monet[61]." » En juillet, c'est au tour de la collection de la veuve de Victor Choquet ; là encore, les tableaux de Cézanne se vendent bien. Les efforts de Vollard, la patience généreuse de Tanguy semblent enfin porter leurs fruits : la cote de Cézanne ne va pas tarder à s'envoler.

Paul Cézanne, *Ambroise Vollard*, 1899.

> ***« Devant un tronc d'arbre, Cézanne découvre les éléments de beauté qui échappent à tant d'autres. Toutes ces lignes qui s'entrelacent […], tous ces éléments colorés qui se recouvrent […], il s'en empare et les dispose. »***
> **Paul Signac**

Un peu tard, peut-être, pour le principal intéressé. La reconnaissance institutionnelle tarde encore. À Aix, la propriété du Jas de Bouffan est vendue le 18 septembre 1899, Maxime Conil ayant œuvré pour briser l'indivision de l'héritage de la mère de Cézanne. Des meubles, dont le fauteuil de son père, sont brûlés. Pour l'artiste, c'est une catastrophe. Le passé est parti en fumée et la gloire lui semble bien incertaine. Il quitte cet atelier en 1901 pour s'installer sur les hauteurs d'Aix, où il se fait construire l'atelier des Lauves, son dernier repaire, au milieu des amandiers et des oliviers. D'un côté, Aix est à ses pieds ; de l'autre se dresse la Sainte-Victoire, l'éternelle, qu'il ne cessera de peindre les quatre dernières années de sa vie.

Atelier de Jules Pascin (1920-1922)

Le peintre et dessinateur Jules Pascin a passé la Grande Guerre aux États-Unis et à Cuba. Il épouse sa compagne, Hermine David, le 25 septembre 1918 à New York. À peine est-il devenu citoyen américain, le 20 septembre 1920, qu'il décide de rentrer à Paris. Il débarque fin octobre et loue un atelier à la villa des Arts.

Avant son départ en 1914, Pascin avait laissé dans la cave du 3, rue Joseph-Bara, à Montparnasse, une malle pleine de dessins. Il retourne la récupérer et retrouve Lucy Vidil, avec laquelle il avait eu une brève liaison une dizaine d'années plus tôt. Elle est maintenant mariée à l'artiste Per Krohg et mère du petit Guy. Les retrouvailles sont un choc pour tous deux. Pascin donne rendez-vous à Lucy à l'hôtel d'Anvers, place du même nom. Commence alors une relation intense, charnelle, passionnelle, mouvementée, faite de ruptures, de remords et de chaudes retrouvailles. Pascin reste avec sa femme, bien qu'il prenne des distances avec elle, et Lucy reste avec son mari, lequel devient l'ami de son rival... Malgré l'attirance qu'elle éprouve pour Pascin, Lucy ne peut se résoudre à détruire sa vie familiale pour s'installer avec un noceur et noctambule tel que lui.

Pascin expose au Salon des indépendants de 1921, ainsi qu'au Salon de l'araignée, et voyage en Tunisie avec Hermine. Courant 1922, l'artiste quitte cet atelier pour aller vivre au 73, rue Caulaincourt (voir p. 115), dans l'ancien atelier du peintre Jean Marchand.

Jules Pascin, *Portrait de Lucy Krohg*, vers 1925.

7 Place Pigalle
Carte 25

Chez Apollonie Sabatier

La très belle Apollonie Sabatier (elle a servi de modèle à la *Femme piquée par un serpent*, sculpture de Clésinger que l'on peut voir au musée d'Orsay), appelée la Présidente par ses amis poètes romantiques, a vécu dans cet immeuble qui fait l'angle avec la rue Frochot. Théophile Gautier et Baudelaire en firent leur muse. Le second lui a consacré quelques poèmes des *Fleurs du Mal*. Apollonie connaît le Tout-Paris et organise des dîners. C'est au cours de l'un d'eux que se décide la création de *La Revue de Paris*.

Auguste Clésinger, *Femme piquée par un serpent*, 1847.

Au Rat Mort

Le nom de ce café, fréquenté par la bohème et les peintres de la Butte, viendrait selon la légende d'un rat crevé découvert dans la pompe à bière le jour de l'inauguration. Pourquoi pas ? Mais il est plus probable que l'établissement ait été

Le café Au Rat Mort,
place Pigalle, vers 1900.
© Coll. part.

baptisé par Alfred Delvau, Alphonse Duchesne et Castagnary. Ces habitués du café voisin de la Nouvelle Athènes (voir p. 82), s'étant disputés avec le patron, se seraient repliés au café Pigalle qui venait d'ouvrir. Il y flotte des effluves de peinture fraîche, de plâtre humide et, dans la salle du premier, les odeurs sont encore plus nauséabondes. L'un des amis se serait alors exclamé : « Ça sent le rat mort ici ! » Le surnom était né.

Peu à peu, les déserteurs de la Nouvelle Athènes traversent la rue Frochot, qui sépare les deux estaminets, pour faire de celui-ci leur nouveau lieu de rendez-vous, conversations et libations. Peintres, sculpteurs et graveurs y retrouvent les modèles féminins qui se font offrir des boissons par les hommes. On joue aux cartes ou au billard. Au milieu des écrivains, des artistes et des hommes d'affaires, les anarchistes s'attablent aussi. On peut trouver Vallès, Courbet, Gambetta, Manet, François Coppée ou Rochefort, par exemple, qui avaient leur table numérotée.

Tard le soir, l'établissement devient le repaire des lesbiennes qui n'ont pas le droit de fréquenter le côté est du boulevard, protégé par les maquereaux, d'accord pour une fois avec les moralisateurs traditionnels.

Par la suite, alors que la guerre des gangs fait rage dans les années 1930, les Corses de Marseille font du café leur quartier général à Pigalle.

9 Place Pigalle

Café de la Nouvelle Athènes

Carte 26

Le Café de la Nouvelle Athènes ouvre en 1855, à la pointe nord du quartier éponyme, entre Saint-Georges et Montmartre, terre d'élection de la modernité intellectuelle et artistique au début et au milieu du XIXe siècle. L'établissement prend le relais du café Guerbois (avenue de Clichy) comme phare de la peinture moderne. On y trouve Marcellin Desboutin, Zola, Mallarmé, Huysmans, Bazille, Sisley, Seurat, Gauguin, Pissarro, Van Gogh, Toulouse-Lautrec, Willette, Forain... Degas et Manet font partie des grands habitués. Le premier y a

Le Café de la Nouvelle Athènes, place Pigalle, vers 1900.
© Coll. part.

Edgar Degas, *L'Absinthe*, 1876.
© Musée d'Orsay/Wikipédia Commons

peint *L'Absinthe* et *Femme dans un café*; le second y réalise *La Prune*. On y voit aussi son modèle Victorine Meurent. D'autres artistes représentent les lieux : Forain peint *Intérieur de la Nouvelle Athènes* (1885) et Zandomeneghi s'y figure en compagnie de Suzanne Valadon.

En 1903, Eugénie Buffet y crée un café-concert. En 1914, le lieu devient Le Monico, photographié par Atget en 1925. C'est un peu après qu'il est transformé en Pigall's puis en Sphinx, cabaret de nu (photographié par Boubat en 1955).

Au-delà de leurs diverses dénominations et fonctions, les lieux ont reçu la visite de personnalités telles que Picasso, Ravel, Hemingway ou Steinbeck. Les amateurs de jazz

Maurice Denis, *Hommage à Cézanne*, 1900.

savent aussi que Louis Armstrong ou Django Reinhardt sont également passés par ici.

Malgré la défense d'une association de riverains, d'amateurs d'histoire, d'amoureux de la peinture ou tout simplement de Paris, le Café de la Nouvelle Athènes a disparu au milieu des années 2000.

28 Rue Jean-Baptiste-Pigalle
Atelier de Pierre Bonnard, Maurice Denis et Édouard Vuillard (1891)

Carte 27

Au-dessus de la porte d'entrée, on peut lire la plaque suivante : « En 1888, Bonnard, Denis et Vuillard ont fondé ensemble dans cette maison le groupe des nabis. » Si c'est bien en 1888 que le groupe des nabis a été fondé autour du *Talisman* peint par Sérusier, ça n'est cependant pas dans cette maison : c'est en 1891 seulement que les trois amis occupent ici un atelier en soupente. L'endroit est minuscule mais ils trouvent le moyen de le partager avec le metteur en scène Lugné-Poe ainsi qu'avec le critique dramatique Georges Roussel. Lugné-Poe se souvient que « [ses] amis peignaient pendant que moi je les assommais de théâtre, de mes scènes du Conservatoire, d'une leçon que je donnais[62] ». Vuillard le peint (*Lugné-Poe écrivant sur un coin de table*). C'est peut-être grâce à leur ami metteur en scène que Bonnard et Vuillard découvrent alors le théâtre. Ils font des dessins pour les programmes du

Théâtre-Libre d'André Antoine. Les décors de *L'Intruse* de Maeterlinck sont réalisés par Vuillard.

La première exposition nabi a lieu au château de Saint-Germain-en-Laye à la fin de l'été 1891. Peu après, Vuillard quitte cet atelier pour en prendre un autre juste à côté, au 24, rue Pigalle.

Henri Pille dans son atelier, en 1885.

35 Boulevard de Rochechouart

Atelier d'Henri Pille (1874-1897)

Carte 28

Connu pour ses portraits, le peintre Henri Pille fut illustrateur pour les journaux (*Le Chat Noir, Le Courrier français, Le Mirliton*) et pour de nombreux livres. À la fois doux et excentrique, il fut l'une des personnalités de Montmartre, grand habitué du Tambourin (voir p. 32). En 1874, il aurait fait construire cette maison dans laquelle il travailla et vécut pendant plus de vingt-deux ans. Van Gogh l'admirait, le citant dans ses lettres à son frère Théo. Chevalier de la Légion d'honneur en 1882, il meurt en 1897 et est enterré au cimetière de Montmartre. C'est Fernand Cormon qui prononce l'éloge funèbre, en présence de William Bouguereau.

63 Boulevard de Rochechouart

Cirque Fernando / Medrano

Carte 29

En 1875, un écuyer belge, Fernando, de son vrai nom Paul Beer, reprend le cirque pour lequel il travaille du côté de Vierzon. Il vient s'établir ici et fait construire un chapiteau en bois aux couleurs bigarrées. Comme le veut sa spécialité, l'établissement offre beaucoup d'exhibitions équestres et les jolies écuyères remportent un certain succès. Le peintre Toulouse-Lautrec peint l'amazone Ada Menken dont certains murmurent qu'elle a eu une relation avec l'impératrice Sissi[63]...

Alors qu'il est alité à la suite d'une crise de *delirium tremens,* Toulouse-Lautrec exécute de mémoire trente-neuf dessins de scènes du cirque. Il dessinera aussi les clowns Footit et Chocolat. Degas également fréquente les lieux. Il réalise de nombreux croquis mais ne peint qu'un seul tableau, *Miss Lola* (1879), une acrobate montant vers le sommet du chapiteau, accrochée par les dents...

En 1897, le cirque connaît des difficultés. Le clown Geronimo Medrano, surnommé « Boum-Boum », reprend l'affaire sous son nom. Le cirque est reconstruit en dur, au même endroit. Geronimo oriente le spectacle vers sa propre spécialité. Au fil des années, défilent sur la piste les plus grands clowns : les Fratellini, Barbette, Footit et Chocolat, Porto et Rhum (amis du peintre Gen Paul), Manetti, Zavatta...

Picasso est un habitué ; il adore l'ambiance des coulisses et aime aller boire un verre avec les clowns. Tout comme Van Dongen qui l'accompagne souvent ou Braque, Gris, Léger, Marcoussis, Severini, Metzinger, Picabia, Gargallo, Gen Paul, Derain... Les écrivains aussi se pressent à Medrano : Max Jacob, Apollinaire, Soffici, Marinetti... Comme si la mise en danger permanente du spectacle vivant, sur le fil, encourageait les artistes à poursuivre coûte que coûte leurs propres acrobaties et prouesses picturales ou littéraires.

Le clown Geronimo Medrano, dit « Boum-Boum ».

Après des décennies de succès et d'innovations en tout genre, le cirque Medrano quitte les lieux au début des années 1960, les murs ne lui appartenant pas. D'autres troupes y prennent place, notamment celle du cirque de Montmartre, dirigé par Bouglione. En 1971, le cirque est détruit, remplacé par un immeuble ridicule.

84 Boulevard de Rochechouart
Cabaret du Chat Noir, première époque (1881-1885)

Carte 30

Rodolphe Salis est né dans la limonade… alcoolisée. À Châtellerault, son père tenait un commerce de vins. Simple atavisme ? Peut-être. Mais Salis a d'abord tenté une carrière de peintre, faisant les Beaux-Arts, peignant des chemins de croix et créant avec quelques amis une « école irisosubversive de Chicago », dont l'un des buts était d'empêcher l'invasion des États-Unis par l'Allemagne… Devant l'échec de sa peinture, il se rabat sur un registre connu et ouvre donc un débit de boissons. Celui-ci a cependant la particularité de mêler les activités bistrotières et artistiques, à plus d'un titre.

L'histoire du lieu commence par un crochet au Quartier latin où le poète Émile Goudeau crée le Club des hydropathes le 11 octobre 1878. Pourquoi ce nom ? Une évidence étymologique (ceux que l'eau rend malade), jouant sur le nom de son fondateur (goût d'eau) et surdéterminé par

Antonio de La Gandara, *Rodolphe Salis*, 1884.
© DR

l'hydre (dont les membres coupés repoussent). Une petite troupe autour de Goudeau se réunit d'abord au Café de la Rive Gauche, au coin de la rue Cujas et du boulevard Saint-Michel, puis dans divers estaminets. On voue un culte à la littérature et surtout à la poésie. On la lit, on la déclame, on la chante, on en discute. On boit beaucoup, aussi, suivant l'injonction d'un des principaux animateurs, Charles Cros : « Hydropathes, chantons en chœur / La noble chanson des liqueurs ». Les membres, facilement acceptés, doivent faire preuve d'au moins un talent : « poète, musicien, littérateur, déclamateur, etc[64]. ». S'inspirant des « fumistes », les hydropathes se veulent libres et facétieux. Le succès est immédiat, et relayé par la presse jusqu'en Belgique. On compte parfois jusqu'à trois cent cinquante personnes aux assemblées, parmi lesquelles Bourget, Moréas, Bloy, Coppée, Nouveau. Une revue est créée, animée par le groupe et ses proches : André Gill, Charles Cros, Alphonse Allais et même Sarah Bernhardt – personnalités qui se retrouveront très vite du côté de la Butte. En 1880, le groupe se dissout, renaît quelque temps sous le nom des « hirsutes », pour reprendre son ancien nom de manière éphémère. La fête est finie.

Finie, vraiment ? Non, elle s'est juste déplacée au pied de la Butte qui commence à ravir au Quartier latin son prestige de quartier général de la bohème. Rodolphe Salis a repéré un local au 84, boulevard de Rochechouart, un ancien bureau auxiliaire des Postes et Télégraphes. Le lieu est minuscule : deux pièces en enfilade, dont la première fait 14 mètres carrés et la seconde est un réduit encore plus petit[65]. L'ensemble est réputé pouvoir contenir une trentaine ou une quarantaine de personnes. On se demande bien comment, dans la mesure où Salis entreprend d'encombrer le local d'une pléthore d'objets, composant un décor se voulant Louis XIII : tables, chaises et bancs, bien sûr, mais aussi des bahuts foncés, des brocs, des bibelots et statuettes, un buste, des tapisseries, des tableaux, des livres, un rouet dit « de Marguerite », du fer forgé, et, précise Goudeau, « une énorme tête de chat, entourée de rayons dorés, comme on en voit dans les églises autour du triangle symbolique » ainsi que des « clous de la passion » supportant « des fusils à pierre, des glaives inusités[66] »... Trône aussi une cheminée qui n'est jamais allumée, mais ornée d'une bassinoire et surmontée d'un crâne – que l'on disait être celui de Louis XIII enfant... bien qu'il soit mort à l'âge de quarante-deux ans !

Salis mêle ainsi nécessité limonadière à ses goûts d'artiste et de collectionneur, très portés vers le Moyen Âge et la Renaissance. Son sens de l'hétéroclite annonce déjà les « arts incohérents » et, d'une certaine façon, les divers mouvements avant-gardistes qui suivront la Grande Guerre : dadaïsme, surréalisme, notamment.

Après avoir hésité entre Le Grand Pélican et L'Aigle d'Or, Salis nomme son estaminet le Cabaret du Chat Noir. Pourquoi ce nom ? La légende court encore mais deux versions

> « ***[Rodolphe Salis] allait être seize années durant un maître de cérémonie inventif, capable de marier les contraires, d'accueillir avec autant de verve les voyous et les princes, les rimeurs inconnus et les actrices célèbres.*** »
>
> **André Velter**

L'enseigne du Cabaret du Chat Noir, aujourd'hui conservée au musée Carnavalet.
© Éric Emo/Musée Carnavalet/Roger-Viollet

proches demeurent les plus probables : durant les travaux précédant l'ouverture du cabaret, un chat famélique se serait tenu à la porte et Salis l'aurait adopté. D'autres affirment que Salis, croisant un magnifique chat noir, a grimpé à un réverbère pour tenter de l'attraper. Ce qui compte, c'est la formidable stratification symbolique de cet animal à la fois quotidien et sacré, familier et étrange, aux réminiscences littéraires (Poe, Baudelaire) et dont la mythologie surchargée, parfois contradictoire, ne peut que plaire aux anciens fumistes. Il semblerait aussi que la connotation sexuelle n'ait pas déplu au fondateur et à ses amis.

À La Grande Pinte, rue des Martyrs, Salis rencontre l'ancien chef des fumistes, Émile Goudeau. Ils sympathisent et le premier invite le second à l'ouverture. Le repas inaugural a lieu en novembre 1881. Rapidement, le petit espace est envahi par une foule disparate : bohèmes de tous genres, musiciens, artistes, écrivains, dont bon nombre de fumistes et d'hydropathes rameutés par Goudeau. À cette foule s'ajoutent, selon Georges Auriol, « aéronautes incompris, inventeurs folâtres, courtiers en bêtes féroces, mages, révolutionnaires édentés, Javerts à la demi-solde, bardes du Danube, globe-trotters et réformateurs de religions, etc., etc[67]. ». On boit beaucoup, on récite de la poésie, on chante, on discute : le Chat Noir inocule à Montmartre le virus de ce qui sera son fameux « esprit », ainsi que « le tumulte, la folie haute, et la chanson bardée de fer dans les mœurs édulcorées[68] ».

Ouvert aussi la journée, le Chat Noir demeure calme avant 17 heures et l'arrivée des habitués et des curieux. La petite pièce du fond, bien sombre, n'attire pas la clientèle. Aussi Salis, non sans folie des grandeurs et sens pratique, a-t-il l'idée lumineuse de la baptiser « l'Institut » et d'habiller ses serveurs en habit vert d'académicien. Il n'y fait asseoir que les écrivains, poètes et artistes ; le réduit devient aussitôt l'endroit où il faut être. S'y faire accepter est une distinction en soi. Il faut admettre que le niveau est relevé : Hugo, Zola, Verlaine, Mallarmé, Bloy, Garibaldi ou Vallès... Et bien sûr les chatnoiristes dont certains passeront à la postérité : Alphonse Allais, d'abord, qui fut l'un des principaux animateurs du lieu, Charles Cros, poète et inventeur (notamment du paléophone, prototype du phonographe), le peintre Adolphe Willette et une ribambelle de chansonniers parmi lesquels Jules Jouy, Victor Meusy, Mac-Nab, Aristide Bruant.

Salis est un animateur hors pair et plein d'esprit. Il a su créer « ce personnage inimitable à l'outrance calculée, à la gouaille vindicative, qui avait le don de mordre sans trop mettre les dents. Tour à tour débonnaire, bravache, délirant ou imprévisiblement mélancolique et grave, il allait être seize années durant un maître de cérémonie inventif, capable de marier les contraires, d'accueillir avec autant de verve les voyous et les princes, les rimeurs inconnus et les actrices célèbres[69]. »

Salis sait faire sa publicité, notamment grâce à son hebdomadaire tout simplement intitulé *Le Chat Noir* qui présente l'avantage de lier un lieu à une production poétique et musicale. Jouant sur la confusion entre fiction, documentaire et publicité, il devient une sorte de publireportage permanent. Il est sobrement sous-titré « organe des intérêts de Montmartre », programme qui semble à la fois s'identifier au quartier et en devenir l'emblème, faisant de la Butte le nouveau rendez-vous des plaisirs. Le rédacteur en chef est Émile Goudeau et Salis le directeur. Le premier numéro, tiré à 1 000 exemplaires, est distribué gratuitement (il sera ensuite vendu 15 centimes) le 14 janvier 1882, soit environ deux mois seulement après l'ouverture du cabaret.

Dès la première parution, un programme, dessiné par Rodolphe Salis lui-même, donne le ton. À l'arrière-plan, la Butte et ses moulins. Au premier plan, un chat noir coiffé d'un chapeau de mousquetaire transpercé d'une plume s'exclame : « Ne bougeons plus ! Tout le monde y passera ! » Il se tient à côté d'un appareil photo (l'invention est récente et peu répandue) et d'un flacon au liquide transparent. Devant lui, une foule d'animaux (alligator, âne et diverses volailles), parfois habillés, font la queue pour se faire tirer le portrait. Ou se faire mettre en boîte... Salis, du pied de la Butte, semble promettre à sa société un portrait vivant et corrosif. Dans ce même numéro, un texte de Jacques Lehardy (de son vrai nom Clément Privé) démontre que le mont Ararat de la Genèse n'est autre que la Butte, puisque « ce vieux pochard de Noé », l'apercevant, dit « Je m'arrête ». « Il faudrait être aveugle comme Homère ou borgne comme Gambetta [...] pour ne pas voir que ces deux mots "Mont-m'arrête" sont les radicaux inéluctables de Montmartre. Donc, Montmartre est le berceau de l'humanité[70]... »

Toute la joyeuse bande du Chat Noir participe aux numéros. Caran d'Ache, Steinlen, Willette l'illustrent. D'autres composent contes, chansons et poèmes, qui passent l'oral au cabaret et l'écrit dans le journal. Le tirage passe à 12 000 exemplaires puis à 20 000. Le titre ne nuit pas à la vente : « On sait que l'intitulé mit en joie les

Affiche dessinée par Théophile-Alexandre Steinlen, en 1896.

premiers acheteurs du journal, qui ne se lassèrent pas de demander finement aux demoiselles des kiosques : “Avez-vous le Chat Noir[71]” ? » Le réel se mêle à la fantaisie potache. Si Henri Rivière ou Georges Auriol sont de vrais contributeurs, d'autres noms postiches apparaissent : François Coppée « Poète mort jeune » (bien qu'il soit vivant), Victor Hugo « Homme célèbre », Maeterlinck « Shakespeare néobelge », Pierre Loti « Amiral de lettres » ou Renan « Vieillard lubrique »[72]... On croirait entendre le Ducasse des *Poésies* et ses « grandes têtes molles ». De prestigieux collaborateurs sont néanmoins bien présents : Verlaine, Richepin, Moréas, Banville ou Mallarmé...

Parmi eux, Alphonse Allais donne au Chat Noir et à son journal une impulsion encore plus comique et déroutante. Fumiste, fils de pharmacien, il abrège ses études en pharmacie et, pour survivre, s'essaie à la photographie puis au journalisme. Il publie des contes dans diverses revues et journaux et, bien sûr, fréquente le Chat Noir. À l'heure apéritive, observant son verre d'absinthe, il profère : « Cet élixir perfide est composé d'extraits de six plantes dont trois sont stupéfiantes et trois autres épileptiques. C'est une liqueur diabolique. » On demande à l'ex-futur pharmacien de quoi il s'agit et il répond : « Tout simplement l'anis, l'absinthe à l'état sec, le fenouil vert, la badiane, l'armoise et la menthe[73]. » Il lève alors son verre et boit son poison, vite imité par ses amis.

> **« Cet élixir perfide est composé d'extraits de six plantes dont trois sont stupéfiantes et trois autres épileptiques. C'est une liqueur diabolique. »**
> Alphonse Allais

Le samedi 30 septembre 1882, *Le Chat Noir* fait paraître un supplément à sa livraison habituelle, daté du 1er octobre. Il s'agit d'un catalogue accompagnant une exposition des plus bizarres, les « arts incohérents ». C'est l'ancien hydropathe Jules Lévy qui en a l'idée et qui organise chez lui, rue Antoine-Dubois, le dimanche 1er octobre, une exposition de dessins exécutés par des gens qui ne savent pas dessiner et des vers écrits par des non-écrivains. L'appartement est aussi minuscule que le succès grandiose : deux mille personnes se pressent, parmi lesquelles Manet, Renoir, Pissarro et... Richard Wagner ! L'événement fait grand bruit, relayé dans la presse. Ainsi encouragé, Lévy organise une série d'événements, de bals masqués et d'expositions aux catalogues illustrés, pendant onze ans, à Paris comme en province. Les œuvres proposées préfigurent le dadaïsme, le surréalisme et même l'abstraction. Alphonse Allais propose une série de sept monochromes, jouant sur les mots comme sur les couleurs : *Récolte de la tomate par des cardinaux apoplectiques au bord de la mer Rouge* (rouge), *Première communion de jeunes filles chlorotiques par un temps de neige* (blanc), *Stupeur de jeunes recrues apercevant pour la première fois ton azur, ô Méditerranée !* (bleu)... En 1887, Sapeck illustre *La Joconde fumant la pipe*, trente ans avant le célèbre L.H.O.O.Q. de Duchamp !

Le succès est peu compatible avec l'exiguïté des lieux. Depuis un moment, Salis reluque le commerce voisin d'un horloger qui ne veut pas vendre. La petite bande s'emploie à lui rendre la vie impossible. Le malheureux reçoit une multitude de pots de chambre qu'il n'a bien sûr pas demandés. Un faux aveugle se poste devant chez lui et joue toute la journée d'une flûte insupportable. Un soir de campagne électorale, alors que deux colleurs d'affiches viennent se désaltérer au Chat Noir, Alphonse Allais et quelques copains s'emparent des rouleaux et de la colle pour recouvrir intégralement et de plusieurs couches la boutique voisine. De guerre lasse, l'horloger abandonne le terrain à Salis, qui en profite pour s'agrandir.

Juste avant les travaux, Adolphe Willette[74] s'installe dans l'échoppe conquise de haute lutte et peint son fameux tableau *Parce Domine* (1884), Salis lui tendant des bocks, dit-on, par un trou pratiqué dans le mur. Le tableau décorera le Chat Noir ; il est visible aujourd'hui au musée de Montmartre (voir p. 120).

Le propriétaire des lieux n'a pas que des amis. Des esclandres éclatent, notamment avec les souteneurs du quartier auxquels il refuse l'entrée. Un soir, l'expulsion d'un journaliste ivre tourne mal quand Salis s'empare d'une chaise et la brise malencontreusement sur le dos d'un de ses garçons, qui meurt sur le coup. D'autres ennuis s'ajoutant, Salis a l'idée toute simple de se faire passer pour mort. Le journal annonce le décès avec un encadré noir et une oraison funèbre. Le cabaret, « ouvert pour cause de décès », est transformé en chapelle funéraire. Le frère du disparu accueille les gens à la porte ; il est fort ressemblant puisqu'il s'agit de Rodolphe Salis lui-même. Un étui de violoncelle surmonté d'une couronne (un pain rond) fait office de cercueil. Lorsque l'assistance est assez nombreuse, les amis s'approchent et, à tour de rôle, salissent la mémoire du défunt, qui ne manque pas de faire entendre sa voix d'outre-tombe (derrière le piano !) en criant : « Assez ! Assez ! »

L'agrandissement ne suffit pas pour accueillir un public toujours plus nombreux. En juin 1885, Salis finit donc par déménager 200 mètres plus loin, au 12, rue de Laval (rue Victor-Massé, voir p. 96). Mais l'histoire continue au 84, boulevard de Rochechouart puisque Aristide Bruant prend la suite avec Le Mirliton.

12 Rue Victor-Massé
Carte 31

Atelier d'Alfred Stevens (1865-1872)

Arrivé à Paris en 1844 ou en 1852, selon les versions[75], le peintre belge Alfred Stevens, en habitué du café Guerbois, s'est rapidement fait d'excellentes relations : Delacroix (qui est témoin de son mariage), Degas (qui est le parrain de sa fille), Bazille, Baudelaire (qui lit chez lui sa traduction de Poe), Manet à qui il prête, en 1862, son atelier de la rue Taitbout. Il se spécialise dans la représentation de la Parisienne du demi-monde dans de riches appartements haussmanniens.

Il s'installe dans cet hôtel baroque en 1865 et y reste jusqu'en 1871 ou 1872. Peintre à succès, Stevens connaît un véritable triomphe à l'Exposition universelle de 1867, où il reçoit la Légion d'honneur.

Cabaret du Chat Noir, seconde époque (1885-1897)

« Montmartre, capitale de Paris, sera secoué par un de ces événements qui, parfois, changent la face du monde. Le Cabaret du Chat Noir quittera le boulevard de Rochechouart, que longtemps sa présence a illustré, et s'établira rue de Laval. Dans le palais qui lui convient, Maigriou, le chat, reprendra sa chanson glorieuse, la rue de Laval, qui n'avait pas de légende, entrera dans l'Histoire, et les vieux moulins des hauteurs sentiront joyeusement frémir en leurs ailes le vent nouveau des jeunes muses[76]. » Rarement déménagement aura été publicisé avec autant d'ambition. Force est de reconnaître que Salis (si c'est bien lui le rédacteur) n'a pas tout à fait tort. Son cabaret du boulevard de Rochechouart a, pendant trois ans

> ***Passant, arrête-toi ! Cet édifice, par la volonté du Destin [...] fut consacré aux Muses et à la Joie, sous les auspices du Chat Noir. Passant, sois moderne !***

et demi, brillé à tel point qu'il a déplacé le centre d'attraction des plaisirs et de la bohème artistique du Quartier latin au pied de la Butte. Mais son fondateur et ses amis voient plus grand encore et ont pour cela besoin d'un outil à la hauteur.

Le 10 juin 1885, entre 23 heures et minuit, une étrange procession part du 84, boulevard de Rochechouart pour rejoindre la rue de Laval. « Derrière une bannière "d'or au chat de sable[77]", deux suisses costumés ouvraient le cortège devant quatre hallebardiers portant le *Parce Domine*. Salis, en costume de préfet de première classe, venait ensuite, suivi du gérant déguisé en conseiller de préfecture qui poussait les badauds en leur disant "Assurez l'ordre" et des quatre garçons sanglés dans leurs habits d'académiciens. Derrière, la troupe des amis chantait à tue-tête le célèbre refrain : "Nous cherchons fortune / Autour du Chat Noir / Au clair de la lune / À Montmartre le soir[78] !" »

Le cortège découvre le nouveau local, ébloui. L'extravagante façade a

La façade du Cabaret du Chat Noir,
rue Victor-Massé, vers 1900.
© Bridgeman Images

été conçue par Henri Pille[79] : un grand chat en majesté, deux énormes lanternes gothiques (réalisées par Grasset), une enseigne (œuvre de Willette) où un chat noir marche sur un croissant de lune et une entrée surmontée d'un bizarre toit pointu. À droite de la porte, l'affiche du Chat Noir, célèbre maintenant dans le monde entier, et une plaque apostrophant le

Caran d'Ache, *L'Épopée, scène du théâtre du Chat Noir*, 1889.

promeneur : « Passant, arrête-toi ! Cet édifice, par la volonté du Destin, sous le protectorat de Jules Grévy, Freycinet et Allain Targé étant archontes, Floquet tétrarque et Gragnon chef des archers, fut consacré aux Muses et à la Joie, sous les auspices du Chat Noir. Passant, sois moderne ! »

L'immeuble de trois étages permet au cabaret de prendre une nouvelle dimension. Laissons Maurice Donnay, grand habitué des lieux et futur (véritable) académicien, nous décrire brièvement l'endroit : « le perron des suisses (trois ou quatre étroites marches), la salle François Villon, la salle des gardes, le grand escalier d'honneur (où deux personnes ne pouvaient monter de front), la salle du conseil, l'oratoire (pour qui, grands dieux ?), la salle des fêtes, la loge de M. le président de la République (c'était alors M. Jules Grévy) et le bahut reliquaire[80] ! »

Mais la grande innovation est sans conteste le formidable théâtre d'ombres, élaboré par Henri Rivière et Henry Somm en 1886. La programmation est variée, allant de l'histoire napoléonienne, *L'Épopée* (Caran d'Ache, 1886), au spectacle symboliste ou religieux comme *La Marche à l'étoile* (1890, Rivière et Fagerolle), en passant par l'humour délirant du *Fils de l'eunuque* (1888, Somm) et le mélange de fantaisie et de réalisme qu'est *La Tentation de saint Antoine* (Rivière, 1887). Le théâtre d'ombres devient vite sophistiqué, développant des innovations techniques préfigurant le cinéma : mouvement, son (musique, voix) et couleur. Le traitement de la lumière atteint un haut niveau de perfectionnement, multipliant les plaques de verre coloré permettant d'infinies nuances et « de précieux dégradés : aurores, soleils couchants, levers de lune, brumes légères et mouvements de la mer[81] ». Pas moins de douze mécaniciens sont nécessaires à la mise en œuvre de ces spectacles, sans compter les scénaristes, chanteurs, musiciens et autres assistants techniques. « Il faut une année de patient travail d'artiste et plus de 25 000 francs pour obtenir cet ensemble d'effets qui charme le public l'espace d'un moment[82] ! »

Les spectacles se donnent dans la salle des fêtes, d'une capacité de cent cinquante spectateurs, et le succès est au rendez-vous. Aux murs, des œuvres des Pissarro père et fils, Degas, Monet, Toulouse-Lautrec. Willette règne avec son *Parce Domine*, un tableau sur la mort de Pierrot, *Une Vierge verte avec un chat* ; Steinlen aussi avec sa toile monumentale de trois mètres de haut, *L'Apothéose des chats*. Le spectateur peut encore admirer divers éléments décoratifs et objets hétéroclites. Georges Auriol écrit même un *Chat Noir Guide*, répertoire loufoque des œuvres et objets qui y sont exposés, par exemple : « Salle François Villon nº 7 – Lustre en fer forgé de l'époque byzantine [...] fut offert à Rodolphe Salis par l'empereur du Brésil, en échange d'une collection du *Chat Noir* relié en castor d'après la fameuse méthode des moines de Puteaux[83]. » L'ensemble est assez riche pour que certains surnomment le lieu « le Louvre de Montmartre ».

En 1893, Grasset réalise une nouvelle façade pour le théâtre. Autour du rideau rouge, une frise de chats peints est surmontée de la tête en plâtre d'un chat noir au-dessous de laquelle se trouve une série de huit masques japonisants figurant chacun une personnalité du Chat Noir,

Théophile-Alexandre Steinlen, *L'Apothéose des chats*, 1905.
© Musée de Montmartre

> ***Bourgeois stupides, qui m'écoutez avec des yeux étonnés d'un chat accroupi sur la cendre [...], buvez ma trop bonne bière que je ne vous fais pas payer assez cher, ou je vous fous dehors !***
> **Rodolphe Salis**

avec sa couleur : Salis (jaune), Trinchant (vert), Caran d'Ache (blanc cassé), Mac-Nab (gris), Willette (en Pierrot blanc), Rivière (rouge), Steinlen (bleu), Somm (écarlate). Au sommet, la devise du cabaret : « Montjoye et Montmartre ! »

Comme à l'ancien Chat Noir, on déclame de la poésie, on chante. Parmi les nouveaux, Jehan-Rictus, Xavier Privas et Maurice Donnay font leur apparition ainsi qu'une femme qui n'est autre que la jeune Yvette Guilbert. Salis déploie sa verve et son esprit caustique, invectivant sa clientèle : « Bourgeois stupides, qui m'écoutez avec des yeux étonnés d'un chat accroupi sur la cendre ou d'une vache qui regarde passer un train, buvez ma trop bonne bière que je ne vous fais pas payer assez cher, ou je vous fous dehors ! Vous n'êtes venus ici que pour être stupéfiés autant que vous le méritez. C'est-à-dire incommensurablement. Imbéciles notoires que vous êtes, videz vos poches, vous en aurez pour votre argent, et pour la première fois de ma vie je ne serai pas ingrat ! Car je vous donnerai autant de coups de pied au cul qu'il vous en faudra pour faire de vous des gens intelligents. Or Dieu et le diable savent s'il en faut ! Mais ici on ne rend pas l'argent. En attendant, buvez, NUNC EST BIBENDUM ! pour que Montmartre, la capitale de Paris dont vous êtes les parties honteuses, pour que Montmartre, dis-je, resplendisse semblable au phare de la Tourelle, ce phallus de la capitale, comme le Chat Noir en est le cerveau, et comme le Moulin de la Galette en est l'âme ! Ainsi soit-il. Garçon, des bocks[84] ! »

En dépit du succès, avec le temps, va... Salis a besoin de voir ailleurs. En 1892, il achète le château de Naintré. Alphonse Allais s'éloigne. En janvier 1897, Salis ferme le Chat Noir pour une tournée à Saint-Pétersbourg. Il projette d'ouvrir un nouveau cabaret, plus moderne et plus clair, mais n'en a pas le temps : il meurt le 18 mars 1897.

Laissons à Maurice Donnay le mot de la fin : « Au banquet de la vie, ces bohèmes, gentils convives, n'empêchaient pas le nouveau venu de s'asseoir ; ils rapprochaient leurs chaises pour lui faire de la place, ils le mettaient tout de suite à l'aise, à leur aise, à son aise[85]. »

Edgar Degas, *Autoportrait*, 1863.

13 Rue Victor-Massé
Atelier d'Edgar Degas (1859-1873)

Carte 32

Fils et petit-fils de banquiers – son père dirige la succursale parisienne que son grand-père a créée à Naples –, Hilaire-Germain-Edgar de Gas se fait appeler Edgar Degas pour se distinguer de sa famille : il est le premier de sa lignée à « travailler » de ses mains. Peintre n'est pas encore un métier noble... Né dans le 9e arrondissement (rue Saint-Georges), Degas a passé presque toute sa vie au bas de la Butte et aux abords de la place Pigalle. De retour d'un voyage de trois ans en Italie (Naples, Rome où il copie les maîtres dans les églises et travaille sur *La Divine Comédie*, Florence où il rencontre les Macchiaioli), il quitte le domicile familial de la rue Mondovi pour venir s'installer ici, dans un modeste appartement au sixième étage (entrée, cuisine, pièce à feu) avec un petit atelier sous les toits.

En 1861, il se réinscrit comme copiste au Louvre (il le sera jusqu'en 1868). L'année suivante, alors qu'il copie Vélasquez, il fait la rencontre de Manet : naît une amitié souvent tumultueuse, mais fidèle. À cette époque, il fréquente avec son ami Gustave Moreau les cafés de la rue de La Rochefoucauld, la mère Lefebvre rue de La Tour-d'Auvergne et le fameux café Guerbois, haut lieu de rencontres des peintres et des écrivains. Il y croise notamment Manet, Zola et Duranty (que Manet a provoqué en duel : les polémiques pouvaient être chaudes !), qui tentent de le pousser vers un art plus réaliste. Degas brosse d'abord des portraits de famille puis dérive vers des sujets historiques dans un style traditionnel influencé par Ingres, auquel il rend d'ailleurs visite dans son atelier en 1864. Mais auparavant, dans les années 1860-1862, il a beaucoup fréquenté les champs de course et peint ses premiers chevaux, luisants, élancés. Fasciné par la danse et l'opéra, il en visite les coulisses ; ce qui l'intéresse, ce sont les aspects insolites, observés comme par le trou de la serrure, et non ce qui est donné à voir au grand public[86].

À partir du 1er mai 1865, Degas expose au Salon mais n'y connaît pas beaucoup de succès. Il voyage à Londres en 1871 et commence à souffrir de ses yeux. Ce n'est qu'en 1872 qu'il vend ses premières toiles chez Durand-Ruel et signe Degas, en un mot. Avec son frère René, il part à La Nouvelle-Orléans rencontrer la famille de sa mère. C'est à son retour, au printemps 1873, qu'il déménage un peu plus loin, au 77, rue Blanche (voir p. 45). Mais il reviendra rue Victor-Massé, quelques années plus tard, au n° 37 (voir p. 108).

25 Rue Victor-Massé

Chez Théo et Vincent Van Gogh (1886)

Carte 33

En février 1886, Vincent écrit depuis Anvers à son frère Théo qui est à Paris. Critiqué par l'Académie, il cherche sa voie propre et prête une oreille attentive aux peintres anglais qui sont allés à Paris, chez Gérôme ou Cabanel : « Ils prétendent qu'à Paris on est relativement plus libre, et qu'on peut par exemple choisir soi-même ce que l'on veut faire, bien plus qu'ici, mais que la correction est indifférente. Sais-tu ce que je pense ? Ceci : à Paris je travaillerai certes *plus* qu'ici, par exemple un dessin chaque

Vincent Van Gogh à l'âge de 18 ans.

jour ou tous les deux jours. Et nous connaissons ou plutôt tu connais assez de braves gens qui ne nous refuseront pas de les examiner et de nous donner des conseils. En tout cas, nous sommes donc, à vrai dire, sur une piste, soit que je reste encore ici un peu de temps, soit que j'aille chez toi[87]. » C'est évidemment la seconde solution qui a les préférences du jeune homme. Théo tente bien de refréner les ardeurs voyageuses de son frère mais, le 26 février, il reçoit à la galerie Boussod, Valadon & Cie où il travaille, boulevard Montmartre, un billet griffonné en français par Vincent, l'enjoignant de le retrouver au Louvre à midi. Vincent est là, qui admire les Delacroix. Théo n'a pas le cœur de le renvoyer d'où il vient mais son appartement de la rue de Laval est bien petit pour accueillir le nouveau venu. Il va falloir trouver plus vaste pour que le peintre puisse installer un atelier.

En attendant, celui-ci prend des cours chez Cormon au 10, rue Constance, à deux pas de la rue Lepic. Cormon[88] a joué un rôle considérable, presque malgré lui, en accueillant des peintres qui rejettent souvent son enseignement mais ne détestent pas se confronter au classicisme pompier. Et c'est aussi un lieu pratique pour dessiner et peindre : Louis Anquetin, Toulouse-Lautrec, Émile Bernard et, plus tard, boulevard de Clichy, les Ashkénazes de Montparnasse, tels Mané-Katz et Soutine qui traversent Paris pour l'occasion, suivent ainsi les cours assez techniques de Cormon, plutôt ouvert en dépit de ses goûts conventionnels.

Le jour de l'arrivée de Van Gogh, Émile Bernard se fait cependant renvoyer de l'atelier pour avoir peint

Théo Van Gogh en 1888.

en vermillon et émeraude la toile marron qui sert de fond aux modèles nus. Il dit adieu à ses collègues alors que Vincent s'installe sous les rires des élèves, vêtu en plombier zingueur et coiffé de sa fameuse toque de fourrure. Bernard observe cet étranger, qui ne peint pas la nouvelle toile brune que Cormon a fait placer derrière le nu mais une autre de son invention. Leur amitié, qui se développera vraiment un an après, date sans doute de cet instant. Des années plus tard, Émile Bernard écrira : « Je le revois chez Cormon, l'après-midi, alors que l'atelier vide d'élèves lui devenait une sorte de cellule ; assis devant une antique en plâtre, il copie les belles formes avec une patience angélique. Il veut s'emparer de ces contours, de ces masses, de ces reliefs. Il se corrige, recommence avec passion, efface finalement la feuille de papier à force de la frotter avec une gomme[89]. »

> *Assis devant une antique en plâtre, [Van Gogh] copie les belles formes avec une patience angélique... Il se corrige, recommence avec passion, efface finalement la feuille de papier à force de la frotter avec une gomme.*
> **Émile Bernard**

Reste à se frotter aux contemporains qui comptent à Paris et d'abord à Montmartre, centre pictural et poétique de l'époque. Théo mène son frère à sa galerie ; si le rez-de-chaussée est empli de peinture salonarde et académique, Théo a réussi à imposer à ses patrons que l'étage soit dévolu à la peinture qu'il aime vraiment et sur laquelle il s'engage. Les impressionnistes surtout : Renoir, Degas, Pissarro et Monet. Puis il accompagne Vincent chez Durand-Ruel, non loin, qui les laisse flâner parmi les invendus de Renoir ou de Monet, lesquels n'ont encore guère de valeur marchande. Le duo se rend encore chez un autre galeriste, Delarbeyrette, qui expose Monticelli, le peintre marseillais.

Van Gogh observe, analyse, éprouve cette peinture qui le déçoit à première vue – il a tant entendu parler des impressionnistes ! – et qui le bouleverse aussi. La nécessité de la couleur, de la lumière s'impose. À Nuenen, il en a étudié la théorie ; là, il prend de plein fouet les couleurs crues de Monticelli et les subtiles vibrations des impressionnistes. Vincent intègre, réfléchit, élabore sa réponse qui sera bien sûr tout autre. Mais il lui faut un atelier. Il l'aura, au 54, rue Lepic (voir p. 149), deux mois après son arrivée.

25 Rue Victor-Massé

Galerie de Berthe Weill

Carte 34

À la fin du XIXe siècle, Berthe Weill travaille chez l'antiquaire Salvator Mayer de la rue Laffitte. À la mort de ce dernier, sa veuve aide la jeune femme en lui prêtant 375 francs, ce qui correspond à six mois de loyer d'une petite boutique que Berthe Weill vient de dénicher au pied de la Butte, rue Victor-Massé. Elle n'a pas d'argent et n'en aura d'ailleurs jamais vraiment, vivant très chichement et se sacrifiant pour promouvoir les jeunes artistes qu'elle découvre. La liste est impressionnante : Bonnard, Braque, Chagall, Derain, Van Dongen, Dufy, Friesz, Gleizes, Gromaire, Max Jacob, Kisling, Laurencin, Léger, Lhote, Lurçat, Marcoussis, Marquet, Matisse, Metzinger, Modigliani, Ortiz de Zárate, Pascin, Picasso, Redon, Renoir, Rivera, Rouault, le Douanier Rousseau, Utrillo, Utter, Valadon, Vallotton, Villon, Vlaminck, Zadkine, pour ne nommer que les principaux...

Édouard Goerg, *Portrait de Berthe Weill*, vers 1929.
© Coll. part.

Au début, Berthe est associée à son frère Marcellin. Ils vendent des dessins, les originaux de ceux parus dans la presse, et des affiches. Ils apprennent aussi, à leurs frais, que de faux Pille circulent et sont parfois victimes d'antiquaires véreux. Par ailleurs, l'affaire Dreyfus divise la France et il arrive que des attroupements antisémites se forment devant la boutique. Mais Berthe fait front devant l'adversité comme face au manque d'argent.

En juin 1900, son frère se marie, la laissant seule à la galerie. L'Exposition universelle commence, attirant les foules du monde entier. Parmi elles des artistes, dont Picasso. C'est

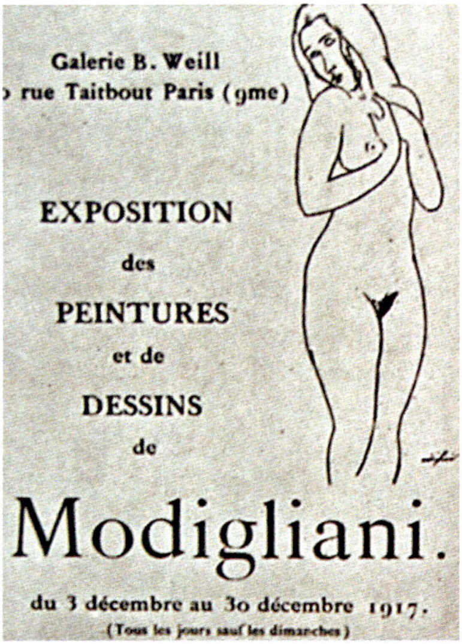

son ami Mañach, faisant office d'agent, qui propose à Berthe des dessins du jeune Espagnol. Elle achète une suite de taureaux, 100 francs les trois, et les revend immédiatement 150 francs. Mañach lui présente le peintre. Les Picasso ont du succès. L'un des premiers acheteurs est Olivier Sainsère, homme politique et fin collectionneur. Toujours de Picasso, Berthe Weill vend aussi *Le Moulin de la Galette* pour 250 francs !

Alors que Berthe Weill se partage encore entre le commerce d'antiquités et la peinture contemporaine, Mañach lui propose de devenir une galeriste d'art à part entière. Faisant fi des conseils de prudence, Berthe se lance, change la décoration et affiche fièrement « Galerie B. Weill » en devanture. Vollard se spécialisant dans l'impressionnisme et le postimpressionnisme, elle est la seule à se consacrer uniquement à la jeune peinture. Le 1er décembre 1901, elle propose sa première exposition, collective. Peu de grands noms, malgré la présence de Paco Durrio (bijoux) et de Maillol (figurines). Aucune vente. Mais elle persévère et, l'année suivante, vend Marquet et Matisse. Berte Weill est ainsi la première à défendre les fauves, avant même le fameux Salon de 1905.

Façade du Bal Tabarin, vers 1890.
© Albert Harlingue/Roger-Viollet

Son œil est très sûr mais ses qualités de gestionnaire médiocres. Malgré les problèmes financiers, Berthe Weill s'accroche pour défendre « ses » artistes. Pendant la guerre, les difficultés s'accroissent et le propriétaire profite de sa naïveté pour lui faire quitter les lieux. Elle trouve un nouveau local rue Taitbout, où a lieu en 1917 une fameuse exposition Modigliani : sur la plainte de badauds scandalisés, la police en fait retirer les nus, choquants au prétexte qu'ils n'ont pas de poils !

36 Rue Victor-Massé

Bal Tabarin

Carte 35

Le 20 décembre 1904, le chef d'orchestre Auguste Bosc ouvre les portes de son cabaret, au milieu de baraques de fortune et tout près de l'ancien cabaret Les Tréteaux de Tabarin. « L'orchestre de danse avait pour moi un réel attrait, dit-il, je me sentais là dans mon élément et je puis même dire qu'en tant que chef

BAL
TABARIN
BOWLING
MATINEE

d'orchestre, je fus un précurseur du jazz, car j'avais eu l'idée, déjà, d'intercaler dans la musique de danse les différents bruits qui nous sont venus d'Amérique, trompe d'auto, coups de revolver, chants[90]. » On peut se faire une autre idée du jazz... Toujours est-il que, dès l'ouverture, le bal est un succès. La salle, grande et lumineuse, est surplombée de balcons et d'une galerie. La décoration est surtout le fait de Willette, décidément omniprésent au pied de la Butte. Ses compères Poulbot, Léandre et Steinlen sont des habitués.

À la suite du Moulin Rouge, il s'agit d'élaborer un spectacle total. Si le public danse, c'est de plus en plus lors des entractes, entre deux quadrilles de french cancan. Le sous-sol est pour sa part transformé en fête foraine permanente, tandis que les soirées à thème s'organisent dans la grande salle tous les samedis.

En 1928, Pierre Sandrini et Pierre Dubout reprennent l'affaire, la modernisent sans reculer devant l'idée malencontreuse de détruire la façade 1900. L'accent est mis sur la scénographie et une machinerie moderne. Pour les spectacles, on va chercher des stars dans le monde entier. Sandrini meurt en 1949 d'un accident de la route. Le cabaret est vendu aux frères Clérico... qui ne s'y intéressent guère. Le Tabarin ferme ses portes en 1953 pour être détruit en juillet 1966.

37 Rue Victor-Massé
Atelier d'Edgar Degas (1897-1912)

Carte 36

Il semblerait que Degas ait déjà eu un atelier dans la maison qui s'érigeait ici. Il y revient en 1897, occupant trois étages. Son concierge confie qu'il « couche au deuxième, mange au troisième, travaille au quatrième[91] ». Au deuxième étage, se trouve ce que Degas appelle sa collection : les murs sont couverts de divers paysages de Corot, de toiles de Manet, d'un *Portrait d'homme* de Courbet, d'une *Tête de femme* de Renoir, d'œuvres de Cézanne, Van Gogh, Gauguin, Delacroix ou du Gréco. Au-dessus,

> *« Là, il entassa ses trésors inconnus, ses milliers de dessins, de tableaux, d'estampes, de pastels, œuvre immense et cachée qui à l'étonnement du public se découvrit après sa mort. »*
>
> **Daniel Halévy**

Autoportrait d'Edgar Degas en 1895.

l'« intérieur de Degas était celui d'un bon bourgeois, d'un magistrat en retraite, vivant au milieu de meubles surannés, vestiges d'un mobilier familial[92] », dont des flambeaux du XVIIIe siècle. Dans la salle à manger sont accrochés des croquis d'Ingres, de Rouart, de Forain ou des lithographies de Daumier. Mais le clou est à l'étage supérieur, l'atelier dans lequel « régnait un désordre indescriptible qui était loin d'être un effet de l'art ». De nombreux chevalets, des tableaux en cours, des toiles tournées vers le mur, des tables de sculpture jonchées de mottes de terre ou de cire, des presses lithographiques, divers accessoires (instruments de musique, tub, chaussons de danseuses, jupes...), des boîtes de couleurs, pastels et divers meubles. « Arriver jusqu'à la place où travaillait Degas, entre un bureau couvert de lettres, de volumes de papiers épars et le poêle, devenait tout un voyage où il fallait maintes précautions pour ne rien renverser[93]. » Le fils de son ami d'enfance, Daniel Halévy, écrit : « Là, il entassa ses trésors inconnus, ses milliers de dessins, de tableaux, d'estampes, de pastels, œuvre immense et cachée qui à l'étonnement du public se découvrit après sa mort[94]. »

L'affaire Dreyfus déchire alors la France. Degas, antidreyfusard, se brouille avec de nombreux amis, même les Halévy, dont il avait pourtant « intégré la famille[95] ». Si certains antidreyfusards semblent plus modérés (Cézanne, Valéry), d'autres, tels Degas et Renoir, laissent libre cours à leur antisémitisme, parfois virulent comme chez Willette, Forain ou Caran d'Ache[96]. Degas se rapproche alors de la famille catholique des Rouart.

La vue du peintre se dégrade mais il continue de travailler. Ses pastels deviennent plus éblouissants, parfois violemment colorés, osant des tons intenses. Mais c'est surtout à la sculpture que Degas s'adonne maintenant, en terre ou en cire, mais jamais de bronze. Sa cote monte nettement, tandis qu'il s'isole, vivant de plus en plus en vieillard aigri et reclus. En 1912, l'immeuble doit être détruit. À contrecœur, le peintre est contraint de déménager. Suzanne Valadon lui trouve un logement au 6, boulevard de Clichy (voir p. 19).

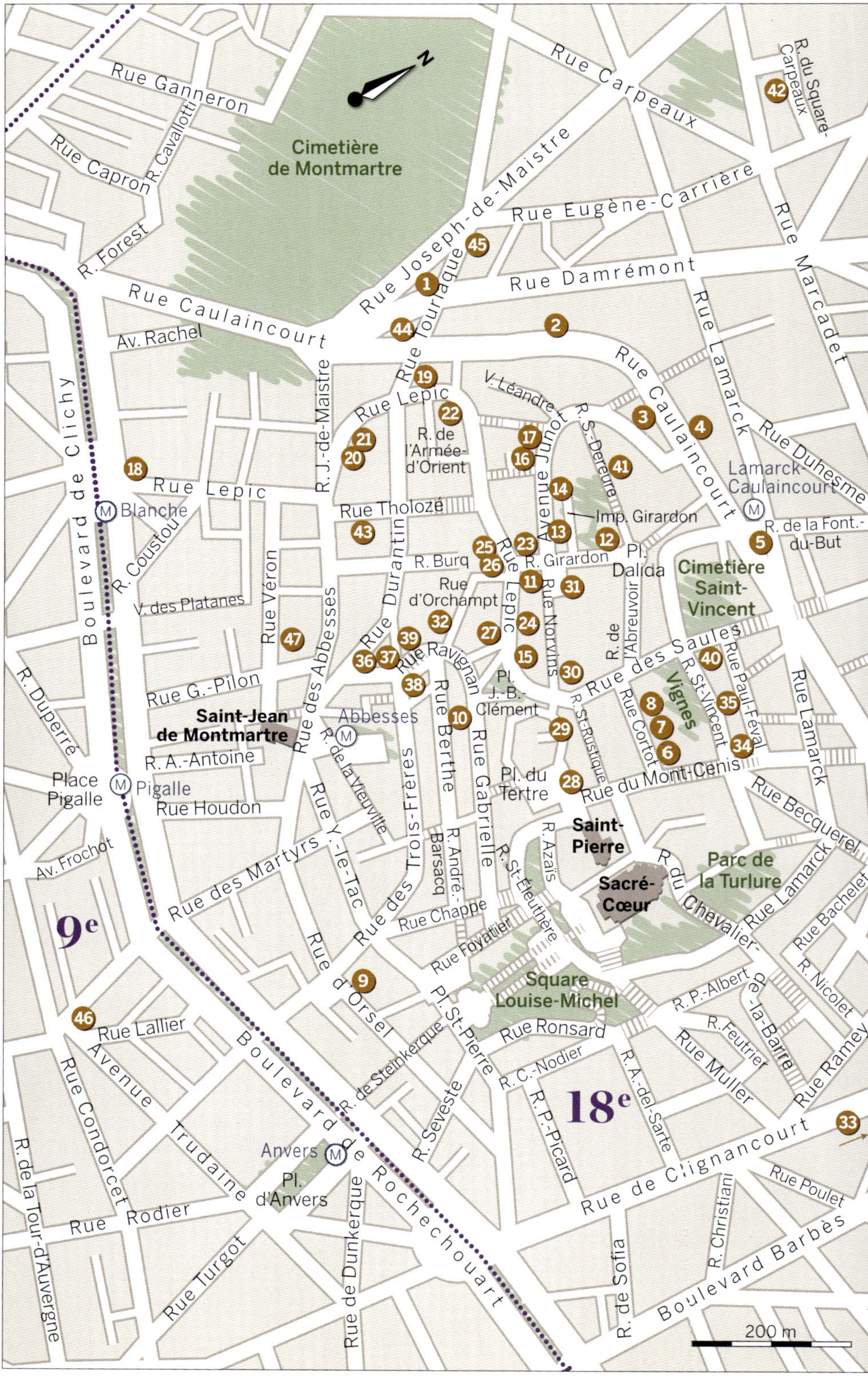

N
Cimetière de Montmartre
Rue Ganneron
R. Cavallotti
Rue Capron
R. Forest
Rue Caulaincourt
Av. Rachel
Rue Carpeaux
R. du Square-Carpeaux
Rue Joseph-de-Maistre
Rue Eugène-Carrière
Rue Marcadet
Rue Damrémont
Rue Tourlaque
Rue Lepic
V. Léandre
R. S.-Dereure
Rue Lamarck
Rue Duhesme
R. J.-de-Maistre
R. de l'Armée-d'Orient
Avenue Junot
Lamarck-Caulaincourt
Boulevard de Clichy
Blanche
Rue Tholozé
Imp. Girardon
R. Coustou
R. Burq
R. Girardon
Pl. Dalida
R. de la Font.-du-But
Cimetière Saint-Vincent
V. des Platanes
Rue Véron
Rue des Abbesses
Rue Durantin
Rue d'Orchampt
Rue Norvins
R. de l'Abreuvoir
Rue des Saules
Rue Ravignan
R. St-Vincent
Rue Paul-Féval
Vignes
R. Duperré
Rue G.-Pilon
Pl. J.-B.-Clément
R. St-Rustique
Rue Cortot
Saint-Jean de Montmartre
Abbesses
Rue Berthe
R. de la Vieuville
R. A.-Antoine
Place Pigalle
Pigalle
Rue Houdon
Rue Y.-le-Tac
Rue des Trois-Frères
Rue Gabrielle
Pl. du Tertre
Rue du Mont-Cenis
Rue Becquerel
Saint-Pierre
R. Azaïs
R. André-Barsacq
R. St-Éleuthère
Av. Frochot
Rue des Martyrs
Sacré-Cœur
R. du Chevalier-de-la-Barre
Parc de la Turlure
Rue Chappe
Rue Foyatier
Rue Bachelet
9e
Rue d'Orsel
Square Louise-Michel
R. P.-Albert
R. Nicolet
Rue Lallier
Pl. St-Pierre
Rue Ronsard
R. Feutrier
Avenue Trudaine
R. de Steinkerque
R. C.-Nodier
R. A.-del-Sarte
Rue Muller
Rue Ramey
Rue Condorcet
R. Seveste
R. P.-Picard
18e
Boulevard de Rochechouart
Anvers
Pl. d'Anvers
Rue de Clignancourt
Rue Poulet
R. de la Tour-d'Auvergne
Rue Rodier
R. Christiani
Rue Turgot
Rue de Dunkerque
R. de Sofia
Boulevard Barbès
200 m
1
2
3
4
5
6
7
8
9
10
11
12
13
14
15
16
17
18
19
20
21
22
23
24
25
26
27
28
29
30
31
32
33
34
35
36
37
38
39
40
41
42
43
44
45
46
47

La butte Montmartre

21 Rue Caulaincourt

Atelier de Toulouse-Lautrec (1886-1887 et 1894-1897)

Carte 1

Toulouse-Lautrec installe son premier atelier, en 1886, au troisième étage de cet immeuble qui fait angle avec la rue Tourlaque et porte aussi le n° 5 de cette rue. Le peintre toulousain François Gauzi décrit le repaire de son ami : ce « n'était certes pas le plus bel atelier de Paris. Il se singularisait par deux particularités qui ne gênaient nullement le peintre : un désordre inextricable et de la poussière en abondance... Pour s'asseoir, on avait le choix entre le divan, deux tabourets et deux chaises ; un guéridon de café servait de table volante. La table à modèles était encombrée de cartons à peindre, de journaux, de livres, de papier-calque et encore de deux haltères et d'un bilboquet qu'il ne touchait jamais. Il y avait des boîtes qui servaient de reliquaires à des bibelots japonais ; Lautrec affectionnait particulièrement la reproduction en miniature d'un casque de samouraï laqué dont il était fier et qu'il montrait en la faisant tourner au bout de son pouce comme un champignon de modiste[97] ».

Suzanne Valadon est alors son modèle. Commence entre eux une relation souvent orageuse (voir 7, rue Tourlaque, p. 218). Toulouse-Lautrec quitte cet atelier en 1887 mais y reviendra peut-être ponctuellement de 1894 à 1897 tout en habitant rue Fontaine.

Auguste Renoir,
Jean Renoir dessinant, 1901.
© Virginia Museum of Fine Arts/
Wikipédia Commons

43 Rue Caulaincourt

Chez Auguste Renoir (1901-1911)

Carte 2

De 1901 à 1911, Auguste Renoir habite ici. D'après son fils Jean, il ne peut plus monter les étages de la rue de La Rochefoucauld. « Le nouvel appartement était au premier, mais la maison étant bâtie à flanc de coteau, le derrière correspondait à un quatrième. Nous dominions les toits de la rue Damrémont et retrouvions presque les horizons familiers du château des Brouillards[98]. » Le petit Jean est ravi de retrouver le Maquis. Son père prend, pendant la même période, un atelier au n° 73 de la même rue (voir p. 113).

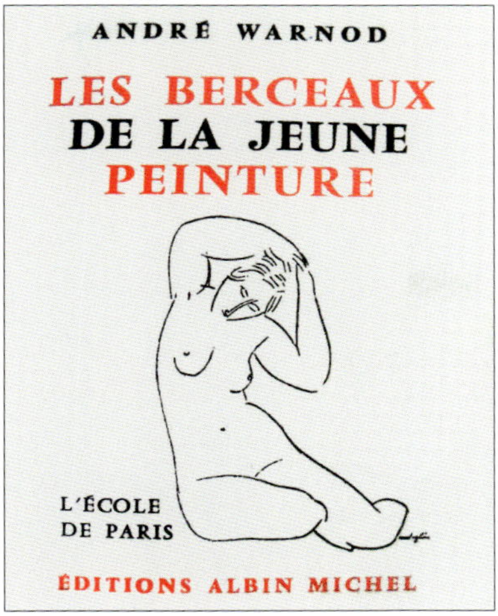

60 Rue Caulaincourt

Chez André Warnod

Carte 3

L'écrivain, journaliste, chroniqueur, critique d'art et dessinateur André Warnod vit rue Caulaincourt de 1921 à sa mort en 1960. Né le 24 avril 1885, il arrive à Paris en septembre 1894, habite rue de Steinkerque avec sa mère et son frère. Étudiant à l'ancien collège Rollin (actuellement Jacques-Decour), il a tout connu de la vie montmartroise : la bohème, la pauvreté, les fêtes, les filles faciles qui fuguent de chez leurs parents, les divers cafés et cabarets dont, bien sûr, le Lapin Agile et le Vieux Chalet. Et il a rencontré tout le monde, de Dorgelès à Modigliani (partageant avec celui-ci l'amour du haschisch), de Poulbot à Pascin.

C'est dans l'un de ses articles, publié dans *Comœdia* en 1925, qu'apparaît la dénomination de « l'école de Paris », désignant surtout les étrangers venus peindre ou sculpter à Paris de la fin du XIXe siècle aux Années folles. Auteur de très nombreux ouvrages sur l'art, dont *Les Berceaux de la jeune peinture*, il est aussi un mémorialiste et un chroniqueur savoureux. Ainsi, tout lecteur de son *Fils de Montmartre*, par exemple, a le sentiment de plonger dans l'univers de la Butte, vu de l'intérieur.

Sa fille, Jeanine Warnod, née à cette adresse en 1921, continue le travail d'archive et d'analyse de l'école de Paris, de sa bohème, de ses personnages truculents.

73 Rue Caulaincourt
Carte 4

Atelier d'Auguste Renoir (vers 1901)

Alors qu'il s'installe au n° 43 de la même rue (voir p. 112), Renoir prend ici un atelier au rez-de-chaussée. Son fils Jean s'en souvient : « C'était une belle pièce de plain-pied avec un petit jardin et, grâce à cette bienheureuse

Auguste Renoir, *Autoportrait*, 1875.
© Clark Art Institute/Wikipédia Commons

pente de Montmartre, la vue sur la plaine Saint-Denis était sauvegardée. Le dessinateur Steinlen [...][habitait] au sous-sol de cet immeuble aux poutrelles apparentes, construit dans le style vieille Angleterre[99]. »

Jean Renoir précise qu'à l'emplacement du jardin au-devant de la maison s'est élevé un immeuble de sept étages. La maison elle-même n'est probablement pas détruite mais demeure invisible de la rue.

Couverture de la revue satirique, artistique et littéraire *Cocorico* par Théophile-Alexandre Steinlen, 1899.

Atelier de Steinlen (1878-1923)

Le dessinateur, graveur et illustrateur Théophile-Alexandre Steinlen habite et travaille au sous-sol à cette adresse, de 1878 à sa mort en 1923. Il résidait auparavant au nº 58 de la même rue. Son médecin, le docteur Willette, le présente à son frère Adolphe, peintre et caricaturiste ; il développe avec celui-ci une forte amitié. Ensemble, ils feront les belles heures du Chat Noir, pour lequel Steinlen peint *L'Apothéose des chats*. À ce propos, la maison de la rue Caulaincourt est surnommée *Cat's Cottage* en raison du grand nombre de chats que l'artiste y recueille.

L'œuvre de Steinlen se caractérise par son intérêt pour le petit peuple de Paris, ses ouvriers, ses pauvres, les femmes sous domination masculine. « Ni noce ni bohème » pourrait être sa devise. Il a travaillé avec la plupart des journaux satiriques de son temps : *Le Chat Noir, L'Assiette au beurre, Le Rire, Le Mirliton,* ainsi que pour divers journaux et périodiques de gauche, socialistes ou anarchistes, *Les Temps nouveaux* ou *La Voix du peuple*.

Il meurt à cette adresse et est enterré au cimetière Saint-Vincent.

Atelier de Jules Pascin (1922-1923)

Pascin récupère courant 1922 l'atelier que le peintre Jean Marchand vient de quitter. À la fin de cette même année, le docteur Barnes, grand collectionneur et mécène, débarque à Paris. Il découvre Soutine, achète aussi des œuvres de nombreux artistes pour sa fondation de Merion, en Pennsylvanie ; plusieurs pièces de Pascin sont du lot.

Pascin prend part à l'exposition annuelle La Licorne, organisée par la galeriste Berthe Weill, ce qu'il fera régulièrement. Il revoit, en octobre, un riche amateur d'art américain, John Quinn, dont l'acheteur est Henri-Pierre Roché.

L'artiste ne reste qu'une année dans cet atelier, partant ensuite pour le 36, boulevard de Clichy (voir p. 29).

Pascin, avec son melon, son écharpe blanche et son costume noir, photographié par Man Ray, en 1923.

101 Rue Caulaincourt

Hôtel Roma, atelier de Georges Braque (1913-1914)

Carte 5

Début 1913, Braque quitte la villa de Guelma (voir p. 73) et établit son atelier ici. Son marchand Kahnweiler se souvient : « L'atelier de Braque se trouve dans un hôtel de Montmartre. D'innombrables marches, des femmes en combinaison viennent chercher leur eau chaude... Tout en haut, il y a l'atelier. Une cage de verre, un phare, une clarté lumineuse. Tout autour, un balcon qui domine Paris. Des œuvres en grand nombre, peintes, collées, reliefs en bois, en papier ou en carton. Beaucoup de petits objets aux murs et sur les tables.

Georges Braque, *Sculpture de l'hôtel Roma*, 1917.

Braque travaille en chantant comme un peintre en bâtiment. À l'aide de jumelles, il montre aux visiteurs la ville d'Argenteuil, berceau de sa

Vue depuis le balcon de l'hôtel Roma.

famille, située à flanc de colline au loin. » Alice Halicka, la femme de Marcoussis, rapporte que Braque n'aime pas être dérangé dans son travail. Même lorsque son père vient le voir de Normandie, il regarde par le judas et refuse d'ouvrir.

À partir de juin, Braque travaille à Sorgues, où il loue une maison à l'année et s'y aménage un atelier. Avec Derain, basé à Martigues, il part chercher des statuettes africaines à Arles et Marseille. Il rend visite à ses amis Picasso, Max Jacob et Juan Gris à Céret et ne rentre à Paris que le 8 décembre 1913.

> ***« L'atelier de Braque se trouve dans un hôtel de Montmartre [...] Tout en haut, il y a l'atelier. Une cage de verre, un phare, une clarté lumineuse. Tout autour, un balcon qui domine Paris. »***
>
> **Daniel-Henry Kahnweiler**

En février 1914, Braque façonne une étonnante petite construction en papier qui est comme l'érection en trois dimensions de ses papiers collés. De son côté, Picasso a réalisé une installation, *Construction au joueur de guitare,* qui s'intègre à l'atelier : deux mains de papier sortent d'un tableau accroché au mur comme pour jouer d'une vraie guitare suspendue au plafond. Braque place sa propre installation dans un coin de sa chambre d'hôtel, une sorte de tablette soutenant une bouteille de papier journal sur lequel on voit ressortir le mot ART, divers cylindres, un journal. Il ne subsiste de cette œuvre qu'une photographie prise par Kahnweiler en février 1914. En avril, *Les Soirées de Paris,* revue que dirige Apollinaire à Montparnasse, reproduisent huit œuvres cubistes de Braque.

En mai, l'artiste quitte l'hôtel pour s'installer au 10, rue Simon-Dereure (voir p. 215).

2 Rue Cortot

Chez Suzanne Valadon et Maurice Utrillo (1890-1894)

Carte 6

Quittant le 7, rue Tourlaque (voir p. 218), Suzanne Valadon et son fils Maurice, âgé de six ans, s'installent ici en 1890. Suzanne dessine et peint, travaille avec acharnement. L'année suivante, un de ses anciens amants, l'artiste catalan Miguel Utrillo, adopte Maurice, contre son avis. Du jour au lendemain, Maurice Valadon devient Maurice Utrillo. L'enfant chétif et un peu dégingandé n'a pas besoin de ce changement de patronyme pour être ennuyé à l'école...

Une liaison se noue entre Suzanne Valadon et son voisin du n° 6, le musicien Erik Satie. Leur histoire commence le 18 janvier 1893. Le lendemain matin, Erik demande la belle Suzanne en mariage. En vain. Il lui écrit des mots enflammés, la surnomme « Biqui » et compose pour elle les *Danses gothiques*. De son côté, elle fait son portrait. Le 20 juin, c'est la rupture, qui laisse Satie brisé, amer.

En 1894, Suzanne rencontre un agent de banque, Paul Mousis, avec lequel elle se met en ménage. Le couple fait construire un pavillon en meulière à Montmagny où il s'installe avec la mère de Suzanne. Paul et Suzanne se marient en 1896.

Erik Satie, *Portrait de Suzanne Valadon*, 1893.

6 Rue Cortot

Chez Erik Satie (1888-1898)

Carte 7

C'est en 1888 ou 1889 que le jeune Erik Satie s'installe ici, sur le haut de la Butte. Il a alors vingt-deux ou vingt-trois ans et mène une vie de bohème, jouant du piano au Cabaret du Chat Noir de la rue Victor-Massé. Il compose les trois premières *Gymnopédies* et les cinq premières *Gnossiennes* en 1890. Membre du mouvement occultiste et mystique de l'Ordre kabbalistique de la Rose-

Croix, il est nommé « maître de chapelle » par le Sâr Péladan. D'ailleurs, deux ans plus tard, il compose *Trois sonneries de la Rose-Croix* (1892). Mais auparavant, à la Taverne du Clou, il rencontre Debussy. Il fréquente aussi le Lapin Agile et la Nouvelle Athènes où il rencontre, en 1893, le jeune Maurice Ravel.

Sa relation, entamée en janvier 1893, avec Suzanne Valadon, est convulsive et demeurera la seule histoire d'amour qu'on lui connaisse. Passionnément épris, il sera très éprouvé par leur rupture, cinq mois plus tard. Satie compose alors une œuvre majeure, *Vexations*, dont la courte mélodie est destinée à être répétée huit cent quarante fois de suite, ce qui correspond, selon le rythme de l'interprétation, à une exécution en douze ou vingt-quatre heures ! La partition est découverte longtemps après sa mort par John Cage : des virtuoses du monde entier tentent régulièrement de la jouer.

Après cette séparation, Satie fonde son « Église métropolitaine d'art de Jésus conducteur », dont il est, à dire vrai, le seul membre. Son but ? Com-

Suzanne Valadon,
Portrait d'Erik Satie, 1893.
© Wikipédia Commons

battre la société par les moyens de l'art. Satie profère des anathèmes contre le Tout-Paris, compose, en 1895, une *Messe des pauvres*. À célébrer, sans doute, dans son fameux « placard ». À la même adresse, le musicien occupe en effet différents appartements, jusqu'à ce réduit du deuxième étage dont le surnom donne une idée de la taille (un musée Satie – le plus petit musée du monde ! – fut logé dans ses 9 mètres carrés jusqu'en 2007).

Ses finances contraignent Erik Satie à quitter la rue Cortot et son placard en 1898 pour s'établir à Arcueil, 22, rue Cauchy.

Ateliers d'artistes et musée de Montmartre

12 Rue Cortot
Carte 8

L'adresse est mythique pour avoir vu défiler beaucoup de grands artistes ou d'écrivains entre le dernier quart du XIXe siècle et le premier quart du XXe, mais aussi parce qu'il s'agit d'une très vieille maison qui appartenait à Rose de Rosimond, comédien de la troupe de Molière. Elle abrite la société d'histoire et d'archéologie Le Vieux Montmartre et le musée de Montmartre. Ce dernier vient d'ailleurs de s'agrandir et propose maintenant un magnifique ensemble qui se décline en quatre espaces. Les collections permanentes se trouvent dans le pavillon du jardin, la « maison du Bel Air ». Des peintures, des affiches, des enseignes (celle du Lapin Agile, par exemple), une mise en scène de l'étonnant théâtre d'ombres du Cabaret du Chat Noir, un vieux zinc à l'ancienne, une maquette de la Butte indiquant les principaux ateliers et lieux célèbres... Et par la fenêtre, vue sur les vignes, Paris et sa périphérie, au loin, en bas... Un véritable enchantement.

Les jardins Renoir mènent vers les vignes et offrent leur vue stupéfiante sur le nord de la capitale. En contrebas, le Lapin Agile. En remontant vers les bâtiments, on remarque au passage la balançoire (du moins sa réplique) peinte par l'illustre impressionniste.

Le corps de bâtiment à droite après les caisses a ouvert ses portes au public en octobre 2014. Il est dédié aux expositions temporaires. Ici ont vécu l'acteur Rosimond, le père Tanguy, fameux marchand de couleurs, et quelques écrivains et peintres. Parmi ceux-ci, les plus célèbres sont sans doute Suzanne Valadon, son fils Maurice Utrillo et son mari André Utter, trio infernal qui faisait enrager les autres occupants. Le fameux atelier-appartement familial est maintenant restauré avec meubles et équipements d'époque. Belle lumière du nord dans cet atelier typique à la vue imprenable. Le musée de Montmartre est décidément l'un des plus charmants de la capitale !

Plus d'infos sur www.museedemontmartre.fr

La maison de Rosimond, acteur de la troupe de Molière, photographiée ici vers 1900.

Auguste Renoir, *Le Jardin de la rue Cortot*, 1876.
© Carnegie Museum of Art/Wikipédia Commons

Auguste Renoir, *La Balançoire*, 1876.
© Musée d'Orsay/Wikipédia Commons

Atelier d'Auguste Renoir (1875-1876)

À l'été 1875, Auguste Renoir loue ici un local en rez-de-chaussée qui lui sert de remise pour ses toiles alors qu'il peint *Le Moulin de la Galette*. Son fils, Jean, écrit : « La maison de la rue Cortot était délabrée, ce qui ne gênait nullement Renoir, mais par contre elle offrait l'avantage d'un grand jardin qui s'étendait derrière, dominant une vue magnifique sur la plaine Saint-Denis. [...] Dans cette oasis il peignit de nombreux tableaux, car il ne travaillait jamais à un seul sujet[100]. » Parmi lesquels, bien sûr, *Le Jardin de la rue Cortot à Montmartre* et *La Balançoire*.

Renoir réalise ici de très beaux tableaux mais n'y reste pas longtemps, quittant les lieux à l'automne 1876.

Atelier de Raoul Dufy et d'Othon Friesz (1901-1902)

Les deux amis peintres originaires du Havre partagent un atelier en 1901. Friesz raconte sa rencontre avec Lilette, la sœur de Fernande Olivier, (future) compagne de Picasso : « Mon amie s'appelait Lilette. Sa sœur était très liée avec Raoul Dufy. Un soir, elles vinrent dîner avec Dufy et moi. Là-dessus un orage épouvantable éclata. Lilette habitait très loin. Je lui offris l'hospitalité de mon logis pour la nuit. Elle y resta dix ans... Nous avons déménagé plusieurs fois. Les maisons changeaient, mais pas elle. Elle était toujours aussi jalouse et cela entraînait les mêmes scènes[101]. » L'année suivante, le couple quitte la rue Cortot.

Atelier d'Émile Bernard (1906-1909)

Le peintre, graveur et critique d'art Émile Bernard, ami de Van Gogh et de Toulouse-Lautrec, travaille ici dans un atelier entre 1906 et 1909 qui sera ensuite repris par Suzanne Valadon et Maurice Utrillo.

Atelier de Charles Camoin (1908-1911)

Le peintre fauve marseillais travaille ici entre 1908 et 1911. En avril 1908, il expose chez Kahnweiler puis signe un contrat avec un galeriste basé à Francfort, ce qui explique sans doute que son œuvre soit connue de Macke, par exemple.

Atelier de Suzanne Valadon, André Utter et Maurice Utrillo (1900-1904 et 1911-1918)

C'est vers 1900 que Suzanne Valadon et son mari Paul Mousis s'installent ici. Son mariage bourgeois permet à Suzanne de se consacrer entièrement au dessin et à la peinture. Son fils, Maurice Utrillo, se trouve le plus souvent en pension chez sa grand-mère, en banlieue. Il abandonne ses études en 1900, verse dans un alcoolisme pathologique, menace sa grand-mère lorsqu'elle refuse de lui servir à boire.

Sa première crise d'éthylisme survient en janvier 1904. Sur l'avis de médecins (dont, semble-t-il, le docteur Willette, frère du peintre, qui officie rue Lepic), Maurice est interné à Sainte-Anne. Il y reste cinq ou six mois. À sa sortie, il s'essaie à la peinture, s'applique, fait des progrès. Sa mère et son beau-père s'établissant en banlieue, Utrillo suit et s'affirme en artiste dans la période dite « de Montmagny », qui dure jusqu'en 1907 environ. Lui succède une brève période impressionniste (1907-1908).

Maurice Utrillo, *12 rue Cortot à Montmartre*, 1921.

Suzanne Valadon, son fils, Maurice Utrillo (assis, à droite)
et André Utter autour du poêle de l'atelier, vers 1920.

En 1911, après avoir vécu villa de Guelma à la suite de son divorce d'avec Paul Mousis, Suzanne Valadon revient rue Cortot dans l'atelier qu'Émile Bernard vient de quitter. Elle vit alors avec André Utter, un ami de son fils encore plus jeune que Maurice. Ce schéma familial infernal n'est pas propre à arranger les problèmes du fragile Utrillo : fréquentes scènes de ménage, cris, violentes crises de Maurice qui menace de se défenestrer si on l'empêche de boire... À plusieurs reprises, la maréchaussée arrête le jeune homme dans la rue ou à la sortie d'un bistrot. Le plus souvent, on le ramène rue Cortot, mais il arrive qu'il passe la nuit au poste, rue Lambert ou rue de Clignancourt. Il n'est pas rare qu'il rentre couvert

L'atelier de Suzanne Valadon est désormais ouvert à la visite.
© Jean-Pierre Delagarde/Musée de Montmartre

d'ecchymoses résultant d'une rixe ou des accès déments qui le précipitent contre un mur ou une vitrine. Le 7 décembre 1914, il est arrêté pour avoir battu une dame à coups de casserole et avoir brisé le verre d'un avertisseur d'incendie rue du Mont-Cenis ; peu après cet épisode il est interné à Villejuif, pour deux ans.

Cette époque tourmentée correspond pourtant à sa période blanche, l'une des plus riches de sa carrière de peintre. Utrillo compose des paysages urbains en mêlant au blanc de zinc du plâtre de Montmartre pour peindre les murs des maisons. En mars 1914 a lieu la vente de La Peau de l'Ours : cette association a acheté pendant dix ans des œuvres des jeunes peintres parisiens, faisant le pari que ces artistes anonymes deviendraient célèbres et atteindraient une belle cote. C'est le cas de Picasso, notamment. Même si aucun tableau d'Utrillo ne dépasse les 400 francs-or, c'est tout de même une belle reconnaissance. Il a sa place au milieu des artistes de son temps. Certes moins que Picasso, Van Gogh, Matisse, Van Dongen ou Bonnard, mais beaucoup mieux que Dufy, Friesz, Vlaminck ou Metzinger.

Un peu plus tard dans l'année, Suzanne Valadon épouse André Utter ; Maurice quitte la rue Cortot pour s'installer chez le père Gay qui tient Le Casse-croûte, au n° 1 de la rue Paul-Féval (voir p. 167). Il y revient toutefois par intermittence. Comme en 1918, dans un atelier déserté par sa mère, qui ne quitte pas le chevet de son jeune mari blessé de guerre.

48 Rue d'Orsel

Atelier de Georges Braque (1904-1911)

Carte 9

Né à Argenteuil, mais élevé au Havre, Georges Braque arrive à Paris en 1900 comme apprenti peintre en bâtiment chez un ami de son père. Il s'y exerce à broyer les pigments, préparer les couches, mélanger les tons, ajouter diverses matières dans la peinture (limaille de fer, sciure, sable, cendre et même tabac ou café). Mais aussi « à faire du faux marbre, du faux bois ». Il n'oubliera pas ces procédés quand, plus tard, il imaginera d'intégrer des éléments hétérogènes à la peinture et en fera part à Picasso. Pour l'heure, Braque vit rue de Trois-Frères (18e arrondissement) et obtient, en 1901, son certificat de peintre décorateur. Ce statut d'artisan lui permet de ne faire qu'un an de service militaire au lieu de trois. Toutefois, c'est bien l'art qui l'intéresse : il apprécie notamment la rétrospective Toulouse-Lautrec organisée en 1902 chez Durand-Ruel. En octobre de la même année, il part faire son service près du Havre et revient à Paris en septembre 1903. Il prend alors des cours à l'académie Humbert, boulevard de Rochechouart, où il rencontre Francis Picabia et Marie Laurencin. Il forme son œil au Louvre et au Luxembourg, admirant autant les antiquités étrusques et grecques que la peinture classique (Raphaël, Poussin, Chardin, Corot) ou les « géniaux maudits » du legs Caillebotte.

En 1904, Braque quitte l'académie et prend un atelier rue d'Orsel. En mai de l'année suivante, il s'inscrit aux Beaux-Arts où il retrouve ses « pays » Raoul Dufy et Othon Friesz. Malgré cette proximité amicale, il n'y reste que quelques semaines, ne supportant pas l'enseignement académique. Il part à Honfleur avec Manolo et reste des heures à regarder la mer ; Maurice Raynal, le critique, se rappelle que « Braque, obstiné à se dégager de l'hérédité impressionniste, son chevalet planté sur la plage, tentait de discipliner la mer ». L'artiste cherche sa voie. Au Salon d'automne de 1905, c'est le choc de la fameuse salle VII, la « cage aux fauves » où sont exposés Camoin, Derain, Manguin, Marquet, Matisse, Vlaminck.

Braque découvre Cézanne à l'occasion d'une exposition organisée par Vollard en mars 1906 et à nouveau au Salon des indépendants en avril. En octobre, il part pour cinq mois à l'Estaque, à Marseille, qui sera un choc : « C'est dans le Midi que j'ai senti monter en moi mon exaltation[102]. » Il en rapporte des paysages, dont six sont exposés aux Indépendants de 1907. C'est là qu'il rencontre Matisse, Derain et Vlaminck. Le collectionneur et critique Wilhelm Uhde achète les cinq premiers tableaux, le sixième est pris par... Kahnweiler.

Georges Braque en uniforme militaire photographié par Picasso, en 1911.

Braque prend l'habitude de retrouver ses amis et confrères dans le Midi, Friesz à La Ciotat, Matisse à Cassis, puis Derain. Déjà, il s'éloigne du fauvisme et aborde une plastique plus cézannienne qu'il développe ici, rue d'Orsel. Il envoie quelques toiles au Salon d'automne de 1907 dont une seule est acceptée. Cependant, Kahnweiler, qui vient d'ouvrir sa petite galerie rue Vignon (16 mètres carrés), lui achète d'autres œuvres. Un virage s'annonce. Et une accélération.

En cet automne, Braque va voir Picasso au Bateau-Lavoir. On ignore si c'est ou non leur première rencontre mais cette visite à l'atelier est décisive. C'est là qu'il découvre *Les Demoiselles d'Avignon* : « Ma véritable rencontre avec lui ce fut dans son atelier, au Bateau-Lavoir, devant *Les Demoiselles d'Avignon*. J'étais avec Apollinaire. J'ai connu là d'un coup l'artiste et l'homme, l'aventurier, dans l'œuvre qu'il imposait envers et contre tout, semblait-il. On a parlé de provocation. J'y reconnus, moi, une impérative résolution, un extraordinaire besoin de liberté affirmé là avec une audace, je dirais même une fougue tranquille, déjà sûre d'elle-même. Mais Picasso était très inquiet, guettant ma réaction[103]. »

On a beaucoup glosé sur les réactions des amis de Picasso devant sa toile révolutionnaire. Rien ne prouve qu'Apollinaire, par exemple, ait détesté le tableau, en dépit des assertions d'un Kahnweiler qui n'aimait pas le poète. Et Braque, qu'a-t-il dit à Picasso ? Selon Fernande : « Malgré tes explications, c'est comme si tu voulais nous faire manger de l'étoupe ou boire du pétrole. » Suivant Kahnweiler, absent de la scène mais qui a des antennes partout : « C'est comme si quelqu'un buvait du pétrole pour cracher du feu. » Pour André Salmon, pas plus présent que le précédent : « C'est comme si tu buvais du pétrole et mangeais de l'étoupe enflammée[104]. » L'image du cracheur de feu a toute sa force pour des peintres de la Butte habitués de Medrano et lecteurs de Rimbaud pour qui le poète est « vraiment voleur de feu ».

Mais que Braque ait ou non approuvé *Les Demoiselles* à première vue ne change rien à ce qu'il en fait. Déjà, il a amorcé des avancées qui vont dans le même sens, abandonnant le fauvisme pour un cézannisme de son cru. Dès l'hiver, il débute son *Grand nu* qu'il ne finit

> ***« Presque chaque soir, j'allais voir Braque dans son atelier, ou bien il venait chez moi. Il fallait absolument que nous discutions du travail accompli pendant la journée. »***
> **Pablo Picasso**

Scène de café : Georges Braque, Fernande Olivier et André Derain dans l'objectif de Pablo Picasso, vers 1908-1910.

qu'en juin. Lui aussi se lance dans une « grande machine », comme l'on disait à l'époque, très visiblement inspirée par *Les Demoiselles*. Et il se met à fréquenter Picasso régulièrement puis quotidiennement. Ce dernier confirme : « À ce moment-là, presque chaque soir, j'allais voir Braque dans son atelier, ou bien il venait chez moi. Il fallait absolument que nous discutions du travail accompli pendant la journée. » Commence alors une fameuse « cordée » à deux, les amis s'entraidant, partageant tout afin de mieux gravir les sommets de la peinture. Braque en donne la mesure : « À cette époque, j'étais très lié avec Picasso. Malgré

> ***On s'est dit avec Picasso pendant ces années-là des choses que personne ne se dira plus… des choses que personne ne saurait plus comprendre […] C'était un peu comme la cordée en montagne.***
>
> **Georges Braque**

nos tempéraments très différents, nous étions guidés par une idée commune. Picasso est espagnol, moi je suis français. On sait toutes les différences que cela comporte, mais pendant ces années-là les différences ne comptaient pas. Nous habitions Montmartre, nous nous voyions tous les jours. Nous parlions. On s'est dit avec Picasso pendant ces années-là des choses que personne ne se dira plus… des choses que personne ne saurait plus comprendre et qui nous ont donné tant de joie et cela sera fini avec nous. C'était un peu comme la cordée en montagne. Nous travaillions beaucoup tous les deux. Les musées ne nous intéressaient plus. Nous allions voir des expositions, mais pas tellement qu'on le croit *[sic]*. Nous étions surtout concentrés. Si nous ne nous étions pas rencontrés avec Picasso, le cubisme aurait-il été ce qu'il est ? Je crois que non[105]. »

Pendant l'été 1908, Braque est à l'Estaque. Il revient à Paris en septembre pour proposer au jury du Salon d'automne ses œuvres fraîches : elles sont refusées bien que Matisse, Marquet et Rouault fassent partie du jury. En novembre, Kahnweiler organise dans sa galerie la première exposition personnelle du peintre normand en présentant les nouvelles toiles refusées. Vingt-sept paysages travaillés par les volumes et l'absence de perspective. Apollinaire préface le catalogue. Le critique réactionnaire Louis Vauxcelles écrit le 14 novembre dans *Gil Blas* : « M. Braque méprise la forme, réduit tout, sites et figures et maisons à des schémas géométriques, à des cubes[106]. » Matisse aurait également évoqué les « petits cubes », soit lors de la présentation des toiles au jury, soit à propos de cette exposition. Mais le mépris devient baptême : le cubisme naît et Braque gagne un surnom. Comme la critique de Vauxcelles a été publiée au-dessus d'un article consacré au pilote d'avion Wilbur Wright (« La conquête de l'air : au Mans, Wilbur Wright gagne le prix de la hauteur »), Picasso appelle par jeu son ami « Vilbour » ou « Wilbourg », avec l'accent. De fait, la cordée prend de l'altitude. Et vite.

Bien que de personnalité discrète, Braque est à l'aise dans la vie de Montmartre. Il danse très bien, fait des claquettes en sifflotant, adore les bals musettes et souvent tient lui-même l'accordéon. Il est très bon musicien, multi-instrumentiste. Très grand, fort, bon boxeur : il a presque le niveau d'un professionnel et s'entraîne avec

Georges Braque photographié en 1909 par Picasso dans son atelier du boulevard de Clichy.

un autre colosse, Derain. Il est élégant, ses tenues étonnent – « bleu mécano, chaussé de fortes godasses d'un jaune éclatant, et coiffé d'un magnifique melon jaune ou beige[107] »... Toute sa vie, il s'habillera avec soin : costume de tweed et chemise en flanelle, un foulard de soie autour du cou et une canne en bambou à la main.

En 1908, Picasso présente à Braque Marcelle Lapré, qui a été modèle de Van Dongen et de Modigliani. Les jeunes gens se fréquentent longtemps avant de vivre ensemble. En janvier 1911, c'est une actualité moins heureuse qui bouleverse Braque avec la mort de son père survenue à l'âge de cinquante-cinq ans en hôpital psychiatrique au terme d'une longue maladie.

D'après Lauriane Manneville, le peintre quitte la rue d'Orsel pour s'installer quelques mois au 4, rue Paul-Albert, au pied du Sacré-Cœur. Ce n'est toutefois qu'un appartement de transition avant l'installation avec Marcelle au 5, villa de Guelma (voir p. 73).

49 Rue Gabrielle

Atelier de Pablo Picasso (1900)

Carte 10

Le jeune Picasso est depuis peu à Paris pour participer à l'Exposition universelle de 1900. L'un de ses tableaux, *Les Derniers Moments*, est exposé au pavillon espagnol. Il en profite pour visiter la capitale et décide de rester un peu. Son ami catalan Nonell, compère du café Els Quatre Gats à Barcelone, lui prête son atelier. Deux dessins de Picasso le montrent sortant de l'Exposition avec ses amis Pichot, Utrillo (Miguel), Casas. Casagemas donne le bras à Germaine, de son véritable nom Laure Florentin, dont l'ami de Picasso tombe follement amoureux. Nonell, en partant, a pris soin de présenter à ses compatriotes trois modèles : Germaine et Antoinette, qui sont sœurs et vraisemblablement d'origine espagnole, et une amie qui se fait appeler Odette (son vrai nom est Louise Lenoir). Puisque Casagemas est amoureux, on lui laisse Germaine, les autres coucheront avec ses copines. Pourtant, dans une lettre, Picasso se dessine au lit avec Germaine[108], surpris par Odette. Avec ces femmes libres, le jeune peintre découvre un Paris gai, festif et joyeux. Il brosse *Le Moulin de la Galette* dans des couleurs vives et sous un éclairage électrique.

Avec ses amis, il fréquente surtout la communauté espagnole : les peintres Iturrino et Zuloaga, le céramiste Paco Durrio, ainsi que Mañach, jeune industriel catalan qui vend leurs œuvres en prenant une commission de 20 %. Il lui présente la jeune Berthe Weill, qui lui achète trois pastels : elle est la première galeriste à acquérir du Picasso. Mañach propose alors à Picasso une mensualité de 150 francs[109].

Picasso visite les galeries, le Louvre et les autres musées, ainsi que l'exposition privée de Rodin, dans un pavillon près du pont de l'Alma. Voyant son ami Casagemas déprimé par ses déboires avec Germaine, Pablo l'entraîne à Barcelone pour les fêtes de fin d'année... sans toutefois réussir à le distraire. Inconsolable, l'amoureux éconduit s'en retourne à Paris et se suicide au pistolet, le 17 février, dans un café du boulevard de Clichy. Picasso revient à son tour, au printemps, au 130 ter, boulevard de Clichy (voir p. 41).

4 Rue Girardon

Chez Louis-Ferdinand Céline (1941-1944)

Carte 11

En 1941, après un an et demi d'absence, Céline revient sur la Butte, à quelques mètres seulement de l'endroit où il a écrit ses deux premiers chefs-d'œuvre, au 98, rue Lepic (voir p. 156). Depuis qu'il travaille à Bezons, l'écrivain-médecin jouit à nouveau d'un salaire régulier. C'est son ami le peintre Gen Paul qui, en voisin (il habite au 2, avenue Junot, à portée de voix de la fenêtre de Céline), lui signale l'appartement au carrefour de la rue Girardon et de la rue Norvins, au cinquième étage, un trois-pièces traversant l'immeuble d'est en ouest. D'un côté, les jardins et la silhouette meringuée du Sacré-Cœur, de l'autre, le Moulin de la Galette, d'autres jardins et le tapis magique des toits parisiens.

Céline et Gen Paul sont plus proches que jamais, moralement et affectivement. Ils se voient régulièrement chez l'un ou chez l'autre, le soir lorsque Céline rentre de Bezons, ou le dimanche. À l'atelier du peintre, se retrouve alors une bande d'amis formée avant la guerre : l'écrivain Marcel Aymé, l'acteur Robert Le Vigan, l'imprimeur dessinateur Jean-Gabriel Daragnès, le dramaturge René Fauchois, le chanteur Max Revol, le violoniste Noceti, le caricaturiste Ralph Soupault (qui se caractérise par ses positions d'extrême droite, travaillant notamment pour *Je suis partout)*.

Portrait de Louis-Ferdinand Céline par Gen Paul, 1936.

Céline se déplace, notamment pour son travail, à moto ; il porte des lunettes et des moufles, ne quitte guère une canadienne en peau de mouton retournée, des sandales usées et un pantalon de soutier. Tenue qui tranche nettement avec son code vestimentaire d'avant-guerre, soigné, élégant, de bonne coupe. Physiquement, il semble se laisser aller : cheveux gras, lèvres mouillées de salive, regard creusé... Ce regard, précisément, ne laisse personne indifférent. Calme, fou, visionnaire, clinicien... chacun décèle ce qu'il veut dans ces yeux qui dérangent.

Chez lui, l'écrivain reçoit journalistes et amis. Gen Paul et Le Vigan, bien sûr, mais aussi Marie Bell et Florence Gould, la millionnaire salonarde. Car Céline se fait un peu mondain, fréquentant les appartements de Paul Morand ou de Josée, la fille de Laval, qui l'admire. Il y retrouve Heller, Jünger ou même un certain Jean Paulhan... Il y rencontre aussi Arletty, née à Courbevoie comme lui. L'amitié est immédiate. Plus tard, Arletty lira des extraits de *Mort à crédit*.

Parmi les voisins de Céline se trouve un couple de résistants qui reçoit de réguliers visiteurs, dont Roger Vailland. « Le voisin témoignera [...] que Céline était parfaitement au courant de leurs activités, et qu'il avait même donné des soins à un camarade blessé[110]. » L'antisémite virulent, penchant vers la collaboration[111], est aussi capable de soigner un résistant sans le dénoncer.

En février 1943, Lucette et Céline se marient à la mairie du 18e. L'auteur travaille alors à *Guignol's Band* qui paraît en mars 1944 chez Denoël. Juste après, le 21 avril, Céline contemple de son cinquième étage le bombardement allié sur Montmartre et les Batignolles. Il aura le lendemain, dans une lettre à Théophile Briant, ce mot laconique : « Deux heures d'Apocalypse extrêmement réussies[112] ».

Le débarquement de Normandie sonne la fin de l'Occupation, en dépit des farouches batailles dans le bocage. Les Allemands le savent et les collabos aussi. Certains retournent leur veste, d'autres, comme Céline, partent. Le couple Destouches quitte Paris le 17 juin 1944 et met le cap vers le Danemark où Céline a pris la précaution de déposer de l'argent. À la libération de Paris, l'appartement de la rue Girardon est saccagé.

Le château des Brouillards, vers 1910.

13 Rue Girardon
Carte 12

Château des Brouillards

Sur ce terrain, se trouvait au XVIIIe siècle un moulin dit « des Brouillards ». Il tombe en ruine lorsqu'un avocat au parlement, maître Legrand-Ducampjean, achète le terrain et s'y fait construire une folie. La somptueuse maison passe de main

en main. En 1850, les communs sont détruits pour faire place à des pavillons, dont certains occupants ont été prestigieux. Une allée des Brouillards sépare le château de ces pavillons. Nerval aurait habité ce château. Ce qui est sûr, c'est qu'il s'est beaucoup promené dans son parc et a laissé de belles pages sur la vigne du côté des rues Saint-Vincent et des Saules[113].

Malgré son titre de château, l'endroit n'est pas toujours bien fréquenté. Truands et malfrats s'y retrouvent. Dans son roman *Le Château des brouillards* (1932), Roland Dorgelès y loge des faux-monnayeurs.

Chez Auguste Renoir (1890-1897)

En 1890, le peintre Auguste Renoir s'installe dans le pavillon n° 6 avec celle qui va devenir sa femme, Aline Charigot, déjà mère de Pierre, né en 1885. Le peintre a rencontré la jeune modiste en 1880. Ils se marient le 14 avril 1890. C'est le début de la période dite « nacrée », souple, onctueuse, jouant sur les effets de transparence.

Ici naît Jean, le futur cinéaste, en 1894. Dans sa biographie de son père, il décrit la maison « à deux étages et le grenier transformé en atelier. Le jardin était planté de rosiers et d'un arbre fruitier. [...] À l'intérieur un vestibule, se terminant sur un escalier, ouvrait à gauche sur le salon, à droite sur la salle à manger, au fond sur la cuisine et un office[114]. »

Le peintre s'occupe aussi, pour partie du moins, de la décoration intérieure. « Mon père, comme partout où il habitait, avait fait peindre les murs des pièces communes en blanc et les portes en gris trianon. Il était maniaque pour la composition de ce gris, exigeant que l'huile de lin fût de première qualité, que le blanc fût mélangé avec du noir animal, et non pas avec du noir de pêche. Il aimait le vrai gris issu d'un vrai blanc

Auguste Renoir, *Gabrielle et Jean*, 1895.
© Musée de l'Orangerie/Wikipédia Commons

Auguste Renoir
vers 1890.

> *« Il aimait le vrai gris issu d'un vrai blanc et d'un vrai noir d'ivoire, le meilleur. Il reprochait au noir de pêche de "sentimentaliser le gris" en lui donnant un reflet bleuâtre. »*
> **Jean Renoir**

et d'un vrai noir d'ivoire, le meilleur. Il reprochait au noir de pêche de "sentimentaliser le gris" en lui donnant un reflet bleuâtre[115]. »

« Dans la salle à manger, Renoir avait peint en transparence une partie de ces carreaux de sujets mythologiques. Je ne sais pas ce que sont devenus ces carreaux[116]. » Les chambres se trouvent à l'étage, reprenant la structure du rez-de-chaussée : celle de la mère au-dessus de la salle à manger, celle de son frère Pierre, lorsqu'il vient le samedi, au-dessus du salon, celle de Gabrielle Renard, gouvernante des enfants (et qui deviendra modèle), au-dessus de la cuisine. Une petite salle de bain est aménagée au-dessus de l'office. Au second se trouvent la chambre de Renoir, une chambre d'amis et une autre chambre d'appoint.

Renoir travaille ici, rue Tourlaque ou encore villa des Arts. Il traverse alors le Maquis tous les jours. Pour le jeune Jean, le Maquis est un terrain dangereux et couvert de ronces mais qui se prête merveilleusement aux chasses à l'escargot qu'il entreprend avec sa mère ou avec Gabrielle.

Les Renoir restent ici jusqu'en 1897. Le peintre prend alors un atelier au 64, rue de La Rochefoucauld et un appartement au 33.

2 Impasse Girardon
Carte 13

Atelier de Jules Pascin (1909-1912)

Le peintre Pascin investit son premier véritable atelier, impasse Girardon, en 1909. Bien qu'à l'aise financièrement, il a auparavant toujours vécu à l'hôtel. À la demande de Paul Cassirer, il illustre un livre de Heinrich Heine. En janvier 1910, il expose à la galerie Berthe Weill. La galeriste écrit dans ses mémoires : « Pascin, que je vois pour la première fois, expose avec Berne Klene, Van

Jules Pascin, vers 1910.
© Henri Martinie/Roger-Viollet

Rees, Schnerb. Il faut le placer seul dans un coin car ses dessins, un peu osés, choquent les amateurs. Comme je lui en fais la remarque, il ne vient plus, il a peur de moi, car, avec son air fanfaron, il est très timide[117]. » L'année suivante, il expose à la Sécession de Berlin. Il rencontre Lucy Vidil, qui sera son modèle, probablement son amante ; mais ça n'est pas encore le grand amour qu'il vivra avec elle après la guerre. Il déménage pour s'installer au 11, rue Gabrielle.

Gen Paul jouant du piano dans sa maison de Montmartre, vers 1940.

Atelier de Gen Paul (1916-1975)

En 1916, Gen Paul, amputé de guerre, se marie avec Fernande Pierquet. Le couple s'installe ici. Gen Paul exerce divers petits boulots tout en peignant des sujets comme le Moulin Rouge, qui est en face, ou des fleurs. L'année suivante, il vend certaines de ses œuvres à un brocanteur du nom de Raguenaud. Avec ses amis Émile Boyer et Frank-Will, ils font la manche en jouant de la musique et mènent une festive vie de bohème. Étonnamment, il sympathise avec Juan Gris, au Bateau-Lavoir : il n'aime ni les cubistes ni les étrangers, mais il apprécie visiblement son

La maison du peintre Gen Paul, avenue Junot, vers 1920.

humilité[118]. En échange de quelques courses, le peintre espagnol lui offre des tubes de couleurs et des pinceaux usagés, pressentant un talent possible chez ce curieux invalide. Un certain Mathot, brocanteur rue des Martyrs, lui demande des imitations d'œuvres de Daumier ou de Monticelli (qui impressionne tant Van Gogh...) tout en lui recommandant de ne pas signer les toiles. C'est Mathot qui s'en charge, avec des noms imaginaires. Copiant et imitant, Gen Paul développe son ambition. Il apprend aussi la gravure chez Eugène Delâtre, dans son atelier de la rue Lepic ; une adresse sûre puisque le professeur enseigne également son art à Mary Cassatt, Steinlen, Renoir, Toulouse-Lautrec et qu'il imprime les eaux-fortes de Picasso pour le *Saint-Mathorel* de Max Jacob.

En 1917, toutefois, l'artiste commence à signer « Gen Paul », pas mécontent de pimenter son prénom (Eugène) en le contractant et en lui donnant une consonance américaine (prononcez « djenn »). Il loue au rez-de-chaussée un atelier de 15 mètres carrés que, semble-t-il, Mac Orlan a habité quelques années auparavant. Dans le voisinage, on commence à savoir que le jeune peintre a du talent. Un café de la rue d'Orsel acquiert un tableau. Un bordel lui passe commande d'un panneau. L'avenir s'ouvre. Dans l'euphorie, et peut-être pour calmer les douleurs de ses blessures, Gen Paul boit beaucoup. De l'absinthe, lorsqu'on arrive encore à en trouver[119], et du vin, bien sûr. Mais boire est aussi une façon de retrouver une fraternité autour du zinc, meilleur conducteur de chaleur humaine, selon certains.

En 1920, le style de Gen Paul évolue, ses paysages urbains gagnent en structure et en assurance. Il expose au Salon des indépendants et au

Salon d'automne. Petit à petit, il s'intéresse davantage aux portraits, et développe un expressionnisme personnel. Il peint notamment des clowns, des musiciens, jouant lui-même de la trompette avec ses amis. Il crée même une fanfare, qu'il appellera « La Chignolle ». En 1928, à la galerie Bing, il expose aux côtés de Braque, Rouault, Picasso et Soutine. Il signe un contrat avec Bernheim et voyage, à Madrid notamment ; la vue des Goya fait sur lui forte impression.

Terrassé par l'alcool et l'épuisement d'une vie intense, il s'effondre, en 1930, lors d'un voyage à Madrid. Après une cure, débute alors une autre période où il peint moins de tableaux mais dessine beaucoup et réalise des gouaches. Les temps sont également marqués par une grande amitié avec Céline, voisin, d'abord rue Lepic (voir p. 156), puis rue Girardon (voir p. 135). C'est apparemment en fréquentant les cours de danse et les ballerines que les deux hommes se sont rencontrés ; Gen Paul choisit ses modèles tandis que Céline, en médecin, répare les ligaments froissés. Se constitue alors un petit cercle d'amis qui se retrouvent chez l'un, chez l'autre, ou dans les bistrots. Mais c'est surtout dans l'atelier ou le logement de Gen Paul que se réunit la petite troupe.

Le 20 octobre 1934, il reçoit la Légion d'honneur. En 1937, il est chargé de peindre une fresque pour le pavillon des vins de France à l'Exposition internationale de Paris.

Après la guerre, Gen Paul se fâche avec Céline, de sombres histoires. Il semble que l'antisémitisme de son ami lui ait causé des problèmes. Bien qu'il n'atteigne plus la splendeur d'autrefois, il poursuit tout de même une carrière. Il vit et travaille ici jusqu'à sa mort, le 30 avril 1975.

Notons qu'il apparaît comme personnage dans *Le Passe-muraille* de Marcel Aymé et dans *Normance* (*Féerie* II), de Céline. Ce qui ne le flatte guère.

10 Impasse Girardon

Atelier de Kees Van Dongen (vers 1900-1906)

Carte 14

Vers 1900[120], le peintre hollandais Van Dongen et sa femme Augusta (Guus) viennent s'installer impasse Girardon. L'artiste a déjà vécu dans le Maquis, du côté de la rue Ordener, puis au n° 95 de cette rue (voir p. 166). Les conditions de vie sont très difficiles. Pour s'en sortir, le jeune artiste pratique toutes sortes de petits métiers. Grand gabarit, il se sert de son physique en étant débardeur aux Halles, lutteur de foire, démonteur de baraques foraines. Il vend des journaux à la criée, rue du Croissant. Mais il dessine aussi pour eux – pour *Gil Blas, Le Rabelais, L'Indiscret* et, comme beaucoup d'autres artistes de son temps, *Le Rire* et *L'Assiette au beurre.*

Et il peint. « J'allais présenter mes tableaux chez les marchands de la rue Laffitte qui me flanquaient à la porte. Alors, j'ai eu la chance de rencontrer Félix Fénéon qui, comme moi, fréquentait toute la bande des anarchistes. Félix Fénéon a publié de moi quelques dessins dans *La Revue blanche* et il est intervenu auprès d'Ambroise Vollard pour que je puisse exposer dans sa galerie. Vollard qui savait calculer voulait m'acheter toutes mes œuvres pour 1 000 francs. Je n'ai pas marché. Ce que voyant, il s'est complètement désintéressé de mon exposition. Je m'en suis occupé moi-même, j'ai fait

> ***« Avec d'autres artistes de Montmartre, Picasso par exemple, souvent, nous essayions de vendre dans les environs du cirque Medrano. Nous étalions nos tableaux par terre. On les vendait 100 sous... »***
>
> **Kees Van Dongen**

le boniment, et j'ai vendu pas mal de mes machines... J'ai obtenu deux ou trois articles. Naturellement, on m'éreintait. Avec d'autres artistes de Montmartre, Picasso par exemple, souvent, nous essayions de vendre dans les environs du cirque Medrano. Nous étalions nos tableaux par terre. On les vendait 100 sous[121]... »

Grâce à Paul Signac, il participe dès 1904 au Salon des indépendants, ce qu'il continuera de faire jusqu'en 1922. Un critique, Charles Morice, le remarque. Van Dongen rencontre Picasso, Derain et Vlaminck et expose au Salon d'automne. C'est cette même année 1904 qu'a lieu son exposition personnelle chez Vollard (Félix Fénéon préface le catalogue).

Van Dongen et Picasso ne se contentent pas de vendre leurs toiles devant Medrano mais vont au cirque ensemble régulièrement. D'ailleurs, en cette année 1905, Kees fréquente le Bateau-Lavoir, ses peintres et les poètes et écrivains, Max Jacob, André Salmon, Pierre Mac Orlan, Apollinaire. Il participe à deux expositions de groupe à la galerie Berthe Weill. Sa fille, Dolly, naît cette année-là. Mais aussi, avec l'envoi de deux toiles, *Le Torse* et *La Chemise*, il participe au Salon d'automne et est exposé dans la fameuse salle VII surnommée la « cage aux fauves ».

À force de fréquenter le Bateau-Lavoir, il l'investit. En 1906, le couple Van Dongen et la petite Dolly y emménagent.

7 Place Jean-Baptiste-Clément

Atelier d'Amedeo Modigliani (1907)

Carte 15

En 1907, Modigliani s'installe ici pour quelques mois. Habitant Paris depuis janvier 1906, il a d'abord logé dans un hôtel du côté de la Madeleine puis dans une pension près de l'Observatoire, à Montparnasse. Il change souvent d'adresse ; certaines sont inconnues, d'autres floues. Modi aurait ainsi vécu rue Lepic, dans le Maquis, rue Caulaincourt, rue de Douai, à l'hôtel du Poirier, à l'hôtel du Tertre, Chez Bouscarat...

Amedeo Modigliani, vers 1917.
© DR

Peu de temps auparavant, Severini, lui aussi fraîchement arrivé à Paris, remonte la rue Lepic lorsque, à la hauteur du Moulin de la Galette, il croise un « jeune homme brun, au chapeau mis comme seuls les Italiens peuvent et savent le mettre. Nous nous dévisageons. Quelques secondes plus tard, nous nous retournons tous les deux et revenons sur nos pas. Les mots qu'on échange dans ces cas-là, et peut-être n'y en a-t-il pas d'autres : "Vous êtes italien, je crois ? – Mais oui. Vous aussi, j'en suis sûr." » Les deux compatriotes sympathisent. Modigliani lui parle de l'atelier (probablement celui-ci, mais il peut aussi s'agir de l'atelier du Maquis) qu'il occupe, à deux pas : « De la rue Lepic, on voyait une espèce de serre à fleurs ou cage de verre, située en haut d'un mur et au fond d'un petit jardin. C'était un atelier petit mais très agréable ; fermé des deux côtés par des verrières. Ce pouvait être une serre ou un atelier sans être parfaitement ni l'un ni l'autre. En tout cas, il avait pu se louer une petite demeure pas très confortable mais suffisante. Il en était très satisfait, et à vrai dire, elle me plaisait davantage que mon sixième étage. Mais il vivait dans un isolement absolu, tandis que moi, heureux parmi les femmes, j'étais presque trop entouré[122]. »

À cette époque, la sculpture est l'art majeur pour Modigliani, qui décide de s'y adonner. Ayant besoin de matériel, il s'arrange avec des démolisseurs du Maquis (que la Ville de Paris est en train de raser) pour obtenir des pierres de qualité. Lorsqu'il veut du bois, ce sont les travées en chêne du métro Barbès, alors en construction, qu'il va dérober. La sculpture est toutefois dangereuse pour ses poumons tuberculeux, la poussière de la pierre plus encore que celle du bois. Ce faisant, il continue à dessiner sans cesse et à peindre.

Il vit encore ici – puisque le catalogue de l'exposition donne cette adresse – lorsqu'il expose deux toiles et cinq aquarelles au Salon d'automne de 1907, qui ouvre ses portes le 1er octobre. Sans aucun écho critique. Quelques mois plus tard, en novembre, ne pouvant plus payer son loyer, Modigliani est expulsé. Son ami Henri Doucet, croisé au Lapin Agile, lui propose de s'installer au phalanstère de la rue du Delta (voir p. 54).

13 Avenue Junot

Chez Francisque Poulbot

Carte 16

Né le 6 février 1879 à Saint-Denis, Poulbot étudie sans brio au lycée Rollin (actuel Jacques-Decour)... et échoue au baccalauréat. Il s'installe dans le Maquis. Comme tant d'artistes débutants, il commence par publier des dessins dans divers journaux, généralement humoristiques, tels que *Le Rire, L'Assiette au beurre, Gil Blas illustré.* Puis il réalise des affiches, des couvertures de livres (dont *Poil de carotte*, de Jules Renard) et... des poupées.

Mais Poulbot doit surtout sa notoriété à ses dessins des gamins de la Butte, drôles et touchants, qui adoptent vite son nom. Toutefois, le peintre ne se contente pas de mettre en scène les poulbots ; il les aime et les aide, créant pour eux en 1923 un dispensaire dans la cour du restaurant À la Pomponnette (au 42, rue Lepic). Jusqu'en 1936, des soins leur furent prodigués par des médecins bénévoles et des repas offerts par des restaurateurs et commerçants locaux.

Poulbot meurt chez lui le 13 septembre 1946. Il est inhumé au cimetière de Montmartre.

Tristan Tzara, vers 1925.
© Henri Martinie/Roger-Viollet

15 Avenue Junot

Chez Tristan Tzara

Carte 17

Cette maison est doublement remarquable. Tout d'abord en raison de la personnalité de son premier occupant, le chef de file du mouvement Dada, Tristan Tzara. Ensuite parce qu'il s'agit de la seule réalisation en France de l'architecte autrichien Adolf Loos. C'est en 1925 que l'écrivain en aurait passé commande à Loos, rencontré peu auparavant à Paris. À l'opposé de l'architecture en vogue au début du XXe siècle, Loos est farouchement hostile à toute forme de décoration (il est notamment l'auteur d'un ouvrage intitulé *Ornement et crime*), et maintient que la beauté doit se dégager uniquement des formes pures utilisées.

La maison est terminée en 1926 et l'écrivain s'y installe avec sa femme, l'artiste-peintre Greta Knutson. En 1975, la maison est classée aux Monuments historiques, pour ses façades et sa couverture.

1 Rue Lepic

Hôtel Beauséjour, chez Jules Pascin (par intermittence, 1906-1909)

Carte 18

Arrivé à Paris le 24 décembre 1905, le peintre bulgare Julius Mordecai Pincas, alias Jules Pascin, passe le réveillon de Noël au Dôme et s'installe d'abord rue Delambre, à Montparnasse. Celui que l'on a surnommé le « prince des Trois Monts » (Parnasse, Martre et Vénus !) n'a cessé de faire des allers-retours entre la Butte et le carrefour Vavin. Cet hôtel est sa première adresse montmartroise ; il y habite par intermittence entre 1906 et 1909.

49 Rue Lepic

Chez Pierre Bonnard (1909-1911)

Carte 19

En 1909, Bonnard s'installe ici tout en conservant son atelier de la rue de Douai, à dix minutes à pied (voir p. 60). Sa peinture commence à mieux se vendre : les grands collectionneurs Arthur et Hedy Hahnloser achètent ses toiles. L'année suivante, le peintre prend un nouvel atelier quai Voltaire, qu'il quitte dès 1911 pour s'installer à la cité des Fusains, 22, rue Tourlaque (voir p. 224), dans un atelier cette fois définitif.

> « *Je bats le quartier [...] je ne trouve rien de bien, où poserai-je ma tête et Sabine ?* »
> **Edgar Degas**

50 Rue Lepic

Atelier d'Edgar Degas (1877-1879)

Carte 20

C'est non sans mal qu'Edgar Degas, contraint de quitter la rue Frochot (voir p. 70), trouve asile ici : « Je bats le quartier [...] je ne trouve rien de bien, où poserai-je ma tête et Sabine [il s'agit de sa gouvernante][123] ? » À l'instar d'autres peintres – Toulouse-Lautrec, Renoir, Signac –, il fréquente un peu le cirque Fernando (qui ne s'appelle pas encore Medrano) et les caf' conc'. On sait que Degas s'intéresse à la photographie et au mouvement ; en octobre 1878, il est fasciné par les travaux d'Étienne-Jules Marey et de Muybridge sur la décomposition par la photographie d'une séquence animée.

Au printemps 1879, à la quatrième Exposition de peinture, avenue de l'Opéra, le peintre envoie vingt toiles et pastels, auxquels s'ajoutent cinq éventails. Au mois de mai, il tente de créer un journal, *Le Jour et la Nuit*, visant à publier les œuvres graphiques des membres de la Société anonyme des artistes (Caillebotte, Pissarro, Forain, Cassatt) mais le projet n'aboutit pas faute d'argent.

54 Rue Lepic

Chez Théo et Vincent Van Gogh (1886-1888)

Carte 21

Au printemps 1886, quittant le trop petit appartement de la rue de Laval (aujourd'hui Victor-Massé, voir p. 102), Théo trouve un confortable appartement au troisième étage de cette maison : trois vastes pièces, dont une chambre pour leur sœur Wilhelmina quand elle viendra leur rendre visite, une étroite cuisine, une salle à manger avec « un grand poêle souvent allumé, car les deux frères étaient très frileux[124] ». Ici, Vincent peut travailler, ce qu'il fait en peignant des dizaines de tableaux de fleurs, travaillant dur, variant les tons, les rapports entre les couleurs. Pour ce faire, il s'aide de fils de laine de toutes les couleurs qu'il rapproche ou éloigne, mesurant les contrastes, les ruptures de ton, les nuances. Il peint aussi ses chaussures, sujet étonnant mais qui impressionne ses copains de chez Cormon. À part les natures mortes, Van Gogh brosse aussi des paysages, diverses vues de la Butte, des moulins, des maisons... Puis il se lance dans une série d'autoportraits. Un biographe fait remarquer qu'« aucun de ses contemporains n'en a réalisé autant, pas même Gauguin[125] » et que les autoportraits apparaissent au moment où les lettres disparaissent : Vincent n'a pas à écrire à son frère puisqu'ils vivent sous le même toit. Mais sans doute les simples conversations ne suffisent-elles pas : il faut la mise à distance de l'écriture ou de la peinture pour entrer en communion étroite.

Théo présente des peintres à son frère. Pissarro, d'abord, leur aîné, qui a l'œil pour reconnaître la valeur d'artistes comme Gauguin ou Cézanne. Sans préjugés, sans condescendance, il a ainsi distingué les jeunes Seurat et Signac... que Théo prend dans la galerie. Pissarro reconnaît aussi la qualité de Van Gogh : « Je savais que cet homme deviendrait fou ou alors qu'il nous laisserait tous loin derrière lui. Mais je ne savais tout de même pas que ces deux prophéties allaient se réaliser[126]. »

Vincent comprend qu'il n'a rien à apprendre chez Cormon (voir p. 103), où il travaille depuis son arrivée, et quitte son académie. Son frère continue de lui faire découvrir Paris, ses merveilles, ses cafés. Vincent se met à boire, notamment de l'absinthe, une nouveauté pour lui. La fée verte accomplit ses ravages mais anesthésie quelque peu son âme exaltée.

> ***« Je savais que cet homme deviendrait fou ou alors qu'il nous laisserait tous loin derrière lui. Mais je ne savais tout de même pas que ces deux prophéties allaient se réaliser. »***
>
> **Camille Pissarro**

La maison de Félix Ziem, rue Lepic, vers 1890.

Poussé par l'envie de voir autre chose, la saturation de la vie urbaine, pour fuir un certain mode de vie qui l'empoisonne (excès de tabac et d'alcool) et sans doute aussi pour soulager son frère, Vincent quitte Paris pour Arles en février 1888.

72 Rue Lepic
Atelier de Félix Ziem

Carte 22

Le peintre Félix Ziem, fils d'un hussard hongrois (ou d'origine polonaise, selon les versions) est né à Beaune, le 25 février 1821. Il a beaucoup voyagé en Europe et a vécu un moment à Marseille. Il arrive en 1849 à Paris, où il expose pour la première fois au Salon. Il y sera régulièrement par la suite. Il se fait construire à Montmartre une maison, alors que la rue s'appelait encore « de l'Empereur ». Au premier, son bureau est empli de tableaux de maîtres. Au second, c'est son atelier.

Les constructions nouvelles gênant sa vue, il déménage plus haut dans la rue, près du Moulin de la Galette, dans une vaste bâtisse en brique aujourd'hui disparue. Grand amateur de Venise et de ses peintres, il décore son nouvel atelier d'une maquette de la Sérénissime.

Ziem connaît un grand succès de son vivant, ses toiles, entre paysages réels et imaginaires, atteignant parfois une sorte de féerie lumineuse. Il meurt le 10 novembre 1911 et est enterré au Père-Lachaise.

83 Rue Lepic

Moulin de la Galette

Carte 23

Parmi les nombreux (quatorze !) moulins de la Butte, le plus célèbre est sûrement celui de la Galette. Et pourtant, il ne s'agit pas vraiment d'un moulin mais de l'enseigne d'un restaurant et bal situé entre deux véritables moulins. Le premier, construit au XVIIIe siècle, a souvent changé de nom : le Bout-à-fin, Blute-à-fin, Blute-fin… Le second – le Radet – lui est adjoint en 1834 par Nicolas-Charles Debray. Le malentendu vient sans doute de l'enseigne peinte sur les moulins, d'abord sur le Radet puis sur le Blute-fin, les deux bien visibles de loin.

Peints, les moulins l'ont été et par les plus grands. Mais la guinguette aussi. Notamment par Renoir avec son *Bal du Moulin de la Galette*, datant de 1876, que l'on peut admirer au musée d'Orsay. Pour l'occasion, le peintre loue un atelier au 12, rue Cortot (voir p. 123). Dans cette vaste toile, on peut reconnaître certains des amis de Renoir assis à la table au

Auguste Renoir,
Le Moulin de la Galette, 1876.
© Roger-Viollet

Artistes peignant sur le motif, en 1904.

Pablo Picasso,
Le Moulin de la Galette, 1900.

premier plan. Cette foule joyeuse boit et danse dans une fête champêtre aux couleurs chatoyantes. Dans une atmosphère plus grise et sombre, Van Gogh peint en 1886 l'extérieur du Radet et l'entrée de la buvette. Trois ans plus tard, Toulouse-Lautrec le représente de l'intérieur, avec un éclairage particulier, comme électrique ; des personnages dansent au second plan tandis qu'au premier d'autres les regardent ou se reposent. La fête et l'ennui semblent parfois se donner la main… Le même peindra aussi un *Coin du Moulin de la Galette* en 1892, d'ambiance plus glauque, avec des personnages aux yeux perdus dans le vague. En 1900, le jeune Pablo Picasso, fraîchement arrivé à Paris, découvre Montmartre et Toulouse-Lautrec. Il peint aussi le bal en intérieur nocturne, avec des couples enlacés dont les femmes sont fardées de couleurs vives, un peu comme chez Van Dongen, qui représente des couples chavirant dans l'ivresse de la danse et, peut-être, du vin. Les couleurs sont claires, gaies, pimpantes et les coups de brosse rendent une joyeuse impression de tournis. Maurice Utrillo, plus tard encore, a peint le Moulin sous tous ses angles et en toutes saisons, des bourgeons éclatants aux premières neiges.

89 Rue Lepic

Chez Georges Courteline (1890-vers 1903)

Carte 24

Après avoir habité rue d'Orchampt (voir p. 166), Courteline, qui vient d'avoir un deuxième enfant, s'installe ici en 1890. Il y écrit plusieurs de ses œuvres pourfendant le ridicule, notamment fonctionnaire. La plus connue est *Messieurs les ronds-de-cuir*, bien sûr.

Courteline a un rituel. Tous les jours à heure fixe, il descend de la Butte pour se rendre à l'Auberge du Clou (voir p. 228). Caustique, il observe la comédie humaine qui s'improvise sous ses yeux, dans un précipité de bêtise et d'alcool ; l'inventeur du « conomètre » apprécie.

Selon certaines sources, Courteline aurait déménagé quelques années plus tard, pour s'installer une porte plus loin, au n° 91. En 1903 ou 1907, il quitte Montmartre pour le 43 de l'avenue de Saint-Mandé, près de Nation. Juste à côté, un square porte son nom.

Mais la Butte est dans son cœur, comme l'indique un autre pseudonyme par lui choisi : Jean de la Butte. Cet amour ne se démentira pas, même avec l'éloignement : « C'est à Montmartre que je les ai vécues, ces heures, tant il semble que Montmartre et moi, ayons été faits l'un pour l'autre[127]. »

96 Rue Lepic

Maison natale de Gen Paul

Carte 25

L'un des titres de célébrité de cette maison est d'avoir été peinte par Van Gogh. Mais c'est aussi ici qu'est né, le 2 juillet 1895, et qu'a grandi Gen Paul, le plus montmartrois des peintres, avec Utrillo. Sa mère, Joséphine Recourcé, occupe l'appartement à droite de la porte d'entrée, à côté de l'épicerie-fruiterie. C'est l'épicière elle-même qui accouche la jeune femme, sans médecin ni sage-femme.

Georges Courteline, vers 1880.

Le père n'est pas inconnu mais « non dénommé ». Il s'agit en fait d'Eugène Paul, plombier, dont on dit qu'il était également musicien la nuit dans les cabarets. Le couple se marie le 5 juin 1897, deux ans après la naissance du petit Eugène. L'enfant sera officiellement reconnu par son père le 19 décembre 1902, alors qu'il a sept ans !

Joséphine et son fils ne restent que deux ans ici, avant de s'installer au 106 de la même rue (voir p. 160).

98 Rue Lepic

Chez Louis-Ferdinand Céline (1929-1939)

Carte 26

Louis Destouches a trente-cinq ans et une vie déjà bien remplie. Il ne s'appelle pas encore Céline. Il a voyagé, enfant, en Angleterre et en Allemagne, a devancé l'appel en 1912, a fait la guerre où il a été blessé d'une balle au bras droit et a été réformé en février 1915, s'est marié, a fait des études de médecine, a vécu à Rennes, a eu une fille, a soutenu une thèse sur Semmelweis, est entré à la Société des Nations (1924) au service d'hygiène, a été nommé à Genève puis envoyé aux États-Unis – la découverte de New York est un choc –, à Cuba, au Canada, en Angleterre, en Afrique... En 1926, il divorce et commence à écrire *L'Église*. Début 1929, il est vacataire au dispensaire de Clichy.

En août, le docteur Destouches s'installe ici avec sa compagne, la danseuse Elizabeth Craig. Il retrouve le Montmartre qu'il a connu dans son enfance alors qu'il allait avec son père porter des meubles à réparer chez un ébéniste de la rue Caulaincourt. « Les romans qu'il y écrira sont parsemés de ces mentions, du mythique mont de Mars au martyre de saint Denis, des abbesses de Montmartre aux cosaques de 1815, de la fusillade des généraux Clément-Thomas et Lecomte, épisode déclencheur de la Commune, à la construction de la basilique décidée pour expier les crimes de cette Commune[128]. »

Le n° 98 se trouve juste en face du Moulin de la Galette et offre une splendide vue sur Paris. Comme plus tard rue Girardon (voir p. 135), à deux pas d'ici, puis à Meudon, Céline affectionne les vues imprenables sur la capitale : « De là-haut, on ne la quitte pas des yeux mais on n'a pas le sentiment d'en être prisonnier comme dans les quartiers du centre de son enfance. Dans l'appartement, un mur couvert de citations transcrites à la main, principalement de Shakespeare, dont, rapporte Lucette Destouches, il aurait tout donné pour écrire un seul de ses vers[129]. »

C'est à cette adresse qu'il passe véritablement à l'écriture et surtout au roman. Il n'a pas perdu le goût du théâtre mais sent que ses essais précédents ne sont pas satisfaisants. Travaillant le jour, écrivant la nuit, Céline se métamorphose. Elizabeth Craig racontera des années plus tard comment l'homme qu'elle a connu à Genève puis à Clichy et à Montmartre

Louis-Ferdinand Céline en 1932 lorsqu'il obtient le prix Renaudot pour *Voyage au bout de la nuit*.

s'est assombri : « Aussitôt qu'il s'enfermait dans son bureau, il devenait un autre homme [...]. Penché sur ses papiers, il avait l'air d'un vieillard, tout en lui avait l'air vieux, et je me disais : "Est-ce bien Louis ?" [...] quand il en ressortait, c'était quelqu'un de complètement différent. Il vous fixait avec sur le visage un air désespéré qui vous donnait envie de pleurer. Il me regardait comme pour dire : "Toi tu ne comprends rien, tu ne sais pas à quel point la vie est tragique[130] !" »

> ***Puis-je te dire un mot de ma puante personne. Je quitte la rue Lepic. Je ne sais pas où je vais aller percher plus tard...***
> **Louis-Ferdinand Céline**

Céline écrit à son ami Joseph Garcin, à Londres : « J'écris un roman, quelques expériences personnelles qui doivent tenir sur le papier, la part de la folie, la difficulté aussi, labeur énorme... D'abord la guerre, dont tout dépend, qu'il s'agit d'exorciser, hélas nous verrons mieux encore dans le sinistre[131]. » La guerre est un enfer dont on ne revient jamais vraiment tout à fait : « Nous avons en commun cette expérience de 1914 dont je ne parle jamais sauf aux initiés, très rares... Vous avez compris que nous sommes en sursis depuis quinze ans, que nous avons côtoyé l'enfer dont il ne faudrait pas revenir, et mieux que moi qu'il s'agit désormais de faire payer la note et sans vergogne. Vous avez saisi l'essentiel, le reste n'est que fatras de mots sans portée[132]... »

Voyage au bout de la nuit paraît début octobre 1932 chez Denoël et Steele et fait l'effet d'une bombe. Rapidement, la presse se déchire et les interprétations divergent. D'emblée, c'est un succès de librairie et le prix Goncourt lui semble promis (on sait que Céline avait annoncé dans une lettre à Gallimard, auquel il destinait le roman : « C'est le prix Goncourt dans un fauteuil pour l'heureux éditeur qui saura retenir cette œuvre sans pareille, ce moment capital de la nature humaine[133]... ») mais il lui échappe de peu au profit du roman de Guy Mazeline, *Les Loups*, oublié aujourd'hui. Le jury se partage, les accusations de trahison ou de corruption fusent : c'est l'un des grands ratages de l'histoire du plus prestigieux prix littéraire français. Céline obtient le Renaudot en guise de consolation. En quelques jours, l'anonyme docteur Destouches est devenu le célèbre et sulfureux Louis-Ferdinand Céline que la presse traque jusqu'au dispensaire de Clichy.

À Montmartre, il fréquente le peintre Mahé avec lequel il voyage et noue de solides liens d'amitié. En juin 1933, Elizabeth Craig rentre définitivement pour les États-Unis. Céline se distrait avec d'autres, en voyage ou à Paris. Durant l'été, il commence l'écriture de son second roman, *Mort à crédit*. En septembre, sa pièce *L'Église* paraît chez Denoël.

Le 1er octobre, à Médan, il lit un « hommage à Zola ». L'année suivante, il voyage aux États-Unis et en Belgique. Fin 1934 ou début 1935, il fait une rencontre déterminante avec le comédien Robert Le Vigan, qu'il surnommera plus tard « La Vigue ». Voyage encore, en 1935, en Autriche, en Belgique, en Angleterre et au Danemark, souvent pour y retrouver des femmes, comme la pianiste Lucienne Delforge près de Salzbourg. Rentré à Paris, Céline quitte provisoirement son appartement pour écrire son roman à Saint-Germain-en-Laye. Mais il tombe malade à la mi-février 1936 et rentre rue Lepic. Entre-temps, il rencontre celle qui deviendra la femme de sa vie, la danseuse Lucette Almanzor. C'est au Havre qu'il finit d'écrire *Mort à crédit*, qui paraît chez Denoël le 12 mai. L'accueil de la presse est beaucoup plus réservé que pour son premier roman. Pendant l'été, il effectue un voyage en URSS, dont sortira son pamphlet *Mea culpa*.

En juillet 1937, lors d'un remplacement médical au Havre, il entame la rédaction de *Bagatelles pour un massacre*, ouvrage pacifiste et antisémite, publié (toujours chez Denoël) le 28 décembre. L'été suivant, c'est à Saint-Malo qu'il écrit un autre pamphlet, *L'École des cadavres*, qui paraît le 24 novembre.

Le 2 juin 1939, Céline écrit à son amie Lucienne Delforge : « Puis-je te dire un mot de ma puante personne. Je quitte la rue Lepic. Je ne sais pas où je vais aller percher plus tard. Pour le moment, après mon prochain passage en correctionnelle (si on ne me retient pas) je vais aller faire des remplacements de confrère en Bretagne et en Normandie. J'ai toujours eu tu le sais la vie pas très facile mais depuis deux ans c'est une corrida sans appel. Les jours en silex succèdent aux jours en caca. Rien au fond ne pourrait me plaire davantage. C'est la bonne vie de vache pour laquelle je suis fait. J'accumule les maléfices. Je m'en servirai bien un jour[134]. »

Pendant un an et demi, Céline bouge beaucoup mais conserve pour adresse officielle celle de sa mère, rue Marsollier (tout près du passage Choiseul de son enfance) où il s'installe avec Lucette. Ce n'est qu'en 1941 qu'il revient sur la Butte, au 4, rue Girardon (voir p. 135).

106 rue Lepic
Chez le jeune Gen Paul

Carte 27

Adolescent, Eugène affiche déjà des dispositions artistiques. De cette époque, on connaît de lui un autoportrait au crayon. Dans son style argotique, il se souvient que « Tout moujingue, je dessinais partout, même sur mes mains, sur mes genoux... À cause de son métier, ma mère dessinait des motifs, je lui demandais : "Fais-moi une chaise, un oiseau, une fleur, une maison..." C'était devenu une vraie maladie : la seule chose qui m'intéressait. Quand je n'avais pas de crayon, j'allais piquer des morceaux de charbon de bois chez le bougnat et je traçais sur les trottoirs des défilés qui n'en finissaient pas[135]. » Le directeur de son école tente de le placer chez un décorateur de la place Blanche mais celui-ci a déjà ses apprentis. Ce sera donc la boucherie ! Au moins, se dit-on, mangera-t-il à sa faim... De cette expérience, le jeune Eugène retient surtout le louchébem, l'argot des bouchers. Car en plus de son goût pour le dessin, le garçon a celui des mots, des déformations linguistiques et des inventions verbales qui font le charme de l'argot, art dans lequel il excelle et qu'il pratiquera plus tard avec son ami et voisin, Louis-Ferdinand Céline.

Il entre comme apprenti chez un tapissier mais cela ne lui plaît guère. Il doit livrer aux quatre coins de Paris, en tirant une lourde charrette chargée de rideaux et fauteuils, habillé en costume de ville avec chapeau melon et col rigide... tout cela pour plaire à la clientèle chic. Eugène Paul devance l'appel. Blessé au pied en 1914, il est soigné et retourne au front où il est une nouvelle fois blessé. Sa mère insiste pour qu'on lui ampute la jambe droite : l'opération est réalisée dans des conditions horribles[136], « le cadeau de mes vingt ans », dit-il. Il rentre en invalide à Montmartre, en 1916.

C'est alors qu'il rencontre et épouse Fernande Pierquet. Le couple s'installe au 2, impasse Girardon (voir p. 141) où Gen Paul vivra toute sa vie.

2 Rue Norvins
Hôtel du Tertre / café Bouscarat

Carte 28

L'établissement est d'abord fréquenté par les modèles de Renoir, de Degas ou de Toulouse-Lautrec et par des danseuses du Moulin Rouge. Vers 1900, ce sont les peintres espagnols (Picasso et sa bande), italiens (Modigliani, Severini, Balla, Marinetti) ou les fauves, Vlaminck et Derain, qui en sont les habitués. Gen Paul s'invite parfois à leur table.

À l'hôtel, au-dessus, logent tour à tour Pierre Mac Orlan, Gaston Couté, Erik Satie, Max Jacob, Modigliani et de nombreux autres. Francis Carco écrit : « Cher hôtel Bouscarat ! Sous son toit, les deux chambres aux fenêtres rustiques sont celles que nous avons tous habitées, jadis, en compagnie d'aimables filles aussi candides que la désuète bohème de Murger[137]. »

En décembre 1906, trois artistes italiens, Anselmo Bucci, Leonardo Dudreville et Mario Bugelli, remarquent dans une galerie de Saint-Germain-des-Prés « trois visages de femmes, exsangues et hallucinées, presque monochromes, peints avec des terres vertes en pâte maigre, sur de petites toiles[138] ». Intrigués, ils s'informent pour apprendre qu'il s'agit du dépôt d'un peintre italien de la Butte. Ils se rendent sur place et finissent par découvrir Modigliani à l'hôtel du Tertre : « Alors, vous êtes peintres. Il n'y a rien de bon en peinture en Italie, je suis allé partout, il n'y a qu'un peintre valable, Oscar Ghiglia, et c'est tout. Ici, il y a Matisse, il y a Picasso et tant d'autres[139]. » Modi reverra toutefois ses compatriotes, notamment en compagnie de Severini, qui habite alors au 37, rue Ballu.

L'hôtel accueille également les réunions de l'Union maritime de la butte Montmartre, dirigée par un certain baron Pigeard. Celui-ci dispose d'un atelier dans le Maquis où il prépare les bateaux avec lesquels il fait des compétitions sur la Marne. Mais cette activité n'est pas la seule puisqu'il se livre aussi au commerce de l'opium, très en vogue sur la Butte. Modigliani assiste parfois aux réunions du baron et en profite pour se fournir en drogues, ainsi que Picasso et Fernande. Ces derniers arrêtent toutefois les stupéfiants après la mort de Wigels, au Bateau-Lavoir, qui a absorbé conjointement opium et haschisch. Modi, sans cesser sa consommation, s'éloigne de Pigeard.

Les abords du restaurant Le Vieux Chalet,
au début des années 1940.

14 bis Rue Norvins

Chez la Mère Adèle / Le Vieux Chalet

Carte 29

Après avoir quitté le Lapin Agile en 1902, l'ancienne danseuse de cancan Adèle Ducerf s'installe ici, à quelques pas. André Warnod se souvient : « La chère était bonne, le repas coûtait 40 sous avec le vin à discrétion et la tournée de calvados. [...] On était bien, chez elle, durant l'après-midi ;

on n'y rencontrait que des Montmartrois authentiques qui venaient ici en voisins et se connaissaient tous. Jamais d'étrangers, ni d'inconnus[140]. » Il participait aux fameux dîners du samedi, pour lesquels « Adèle mettait souvent au four un gros gigot, car les fourchettes allaient bon train. Les convives arrivaient les uns après les autres. On ne se mettait pas à table de bonne heure. Quelle bonne compagnie, et quel entrain sitôt que commençait le dîner ! Apollinaire débordait de verve et de gentillesse. Il y avait toujours autour de lui Max Jacob, Pierre Mac Orlan et son frère le légionnaire, André Salmon, Gaston Couté, Jules Depaquit, René Denèfle, Pierre Girieud, et bien d'autres encore, en particulier Jacques Vaillant, le plus dynamique des habitants du Bateau-Lavoir[141]. »

La générosité d'Adèle est légendaire ; la patronne néglige souvent de donner l'addition ! La plupart des grands peintres de l'époque font partie des habitués : Émile Bernard, Braque, Raoul Dufy, Juan Gris, Fernand Léger, Othon Friesz, Herbin, Marcoussis, Picasso, Renoir, Suzanne Valadon, Utrillo, Vlaminck...

En 1912, Adèle vend son commerce à Nini la Trouille, laquelle tient l'affaire jusqu'en 1935. En 1948, le restaurant passe aux mains de Robert Federici ; son fils, Philippe, en est toujours le propriétaire.

22-22 bis Rue Norvins
Clinique du docteur Blanche

Carte 30

En 1774, un sieur Sandrin se fait construire une maison de campagne suivant la mode des folies, ces villégiatures bourgeoises ou nobles établies à proximité de la ville. En 1806, la propriété est achetée par le docteur Prost qui en fait une clinique accueillant les malades mentaux et les soignant selon les préceptes de Philippe Pinel : douceur, bienveillance, dévouement sans faille. En 1820, Esprit Blanche prend la suite.

Première maison de santé du docteur Blanche, vers 1887.
© Collection Roger-Viollet/Roger-Viollet

Le *Passe-muraille*, statue figée dans le mur de la place Marcel-Aymé, réalisée par l'acteur Jean Marais, en hommage à l'œuvre de Marcel Aymé.
© Shutterstock/DR

Il accueille Nerval dans son établissement en mars 1841, lors de sa deuxième crise (la première ayant eu lieu un mois plus tôt). Le docteur Blanche diagnostique alors une manie aiguë, qu'il juge encore curable avant de modifier son diagnostic trois mois plus tard.

En 1846, la clinique est transférée à Passy. Nerval y est reçu lors de sa rechute de 1853-1854 par Émile Blanche, le fils d'Esprit. C'est surtout à Passy que la clinique s'est rendue célèbre, accueillant de nombreux artistes et créateurs : Gounod, Maupassant, Théo Van Gogh...

26 Rue Norvins ou **2** Place Marcel-Aymé

Chez Marcel Aymé (1963-1967)

Carte 31

Lorsque Marcel Aymé s'installe ici, en 1963, l'adresse est encore le 26, rue Norvins. L'écrivain est alors au faîte de sa gloire. Au cinquième étage, il tourne le dos à une splendide vue sur Paris, écrivant sur un petit secrétaire recouvert de cuir, entouré de livres classés par couleur, dont ceux de son ami Céline. Sur les murs tendus de rouge, se détachent les tableaux de son autre ami et voisin Gen Paul et d'Élisée Maclet. Aymé continue d'écrire un peu, voit ses amis et joue aux cartes avec eux. Il meurt le 14 octobre 1967 et est enterré au cimetière Saint-Vincent de Montmartre.

En 1986, en hommage à l'écrivain, le petit renfoncement de la rue Norvins devient la place Marcel-Aymé. Sortant du mur, la sculpture de Jean Marais représente le personnage de Garou-Garou, protagoniste du *Passe-muraille,* coincé dans la pierre pour l'éternité.

5 Rue d'Orchampt

Chez Georges Courteline (1880-1890)

Carte 32

Né à Tours le 25 juin 1858, Georges Moinaux prend pour nom de… plume Courteline, et se distingue ainsi de son père, chroniqueur judiciaire et auteur dramatique.

Il s'installe ici au début des années 1880 avec sa jeune épouse, l'actrice Suzanne Berty, « jolie comme un cœur, bête comme une oie et rouée comme une potence[142] ». La vie n'est pas de tout repos, ponctuée de scènes de ménage homériques et d'assiettes valsant dans la rue. L'intérieur est tout aussi pittoresque : « On pénétrait par une boutique désaffectée dans le logis courtelinien, capharnaüm invraisemblable, désordre si parfait qu'on pouvait le croire organisé : Lorsqu'on montait l'escalier obscur et raide conduisant aux appartements privés, on risquait, à chaque marche, d'écraser une poule ou un cochon d'Inde, quelque chat ou l'un des sept chiots de la chienne Tata. Dans la chambre, le vase de nuit non vidé voisinait sur la toilette avec une cuvette pleine d'eau savonneuse[143]… »

En 1881, Courteline fonde une revue, *Paris moderne*, qui ne dure que deux ans.

À la naissance du deuxième enfant, en 1890, la famille déménage dans un appartement plus spacieux, au 89, rue Lepic (voir p. 155).

95 Rue Ordener

Atelier de Kees Van Dongen (vers 1900-1901)

Carte 33

Le Hollandais Kees Van Dongen arrive à Paris le 12 juillet 1897 en vue de participer à la fête nationale[144]. Son père lui a donné 100 florins pour le voyage ; il ne lui reste que quelques pièces en poche et « rien d'autre qu'un peu de linge, deux carnets de croquis et des crayons[145] ».

Kees ne parle pas français mais décide de rester à Paris, quitte à affronter la misère et l'adversité.

> *J'ai débarqué à Paris [...], je faisais toutes sortes de petits métiers. Je m'installais dans un square et je dessinais le portrait de gens qui le voulaient bien. Ma clientèle était surtout composée de bonnes, surtout de bonnes alsaciennes. Il s'en trouvait dans le tas qui étaient assez belles.*
>
> **Kees Van Dongen**

Comme tant d'autres rapins de la Butte, il mange de la vache enragée plus souvent qu'à son tour. Allégoriquement bien sûr, puisque ce colosse est végétarien. Pendant un an, il erre dans le Maquis, loge où il peut, notamment dans la soupente d'un cordonnier, du côté de la rue Ordener, dont le toit fuit : il doit se munir d'un parapluie pour dormir au sec !

En 1898, il repart aux Pays-Bas, y rencontre celle qui va devenir sa femme, Augusta Preitinger, appelée Guus. Celle-ci, précisément, s'en va à Paris travailler comme retoucheuse chez un photographe. Kees la rejoint. « J'ai débarqué à Paris pour la seconde fois vers 1900. Bien entendu, j'étais dans la mouise, je vadrouillais, je faisais toutes sortes de petits métiers. Je m'installais dans un square et je dessinais le portrait de gens qui le voulaient bien. Ma clientèle était surtout composée de bonnes, surtout de bonnes alsaciennes. Il s'en trouvait dans le tas qui étaient assez belles. J'ai aussi fait le crieur de journaux rue du Croissant. D'autre part, je dessinais pour les petits journaux illustrés, *Rabelais*, *L'Indiscret*, et ensuite *Le Rire* et *Le Sourire*. Le difficile était de mettre une légende aux dessins. Ainsi, tout doucement, j'ai pu faire de la peinture[146]. »

Cette peinture, justement, est déjà vive, colorée : Van Dongen est un fauve avant l'heure. Le couple ne reste pas très longtemps ici. En 1900 ou 1901, il part pour le 10, impasse Girardon (voir p. 144).

1 Rue Paul-Féval

Chez le père Gay

Carte 34

Le père Gay est un personnage original. Ancien gardien de la paix, il tient ici un bistrot qui s'appelle Le Casse-croûte. Il est aussi le propriétaire des murs d'un petit cabaret, La Belle Gabrielle, au 12, rue Norvins (aujourd'hui détruit), qu'il loue à Marie Vizier. Le peintre Maurice Utrillo fait sa connaissance en 1911 et va souvent s'abreuver chez lui. Lorsqu'en 1914 sa mère épouse André Utter, Utrillo va vivre chez le père Gay. Il franchit régulièrement la volée de marches qui le sépare de La Belle Gabrielle... et de la belle Marie, dont Maurice est amoureux. Sur un mur qui fait face au cabaret, il écrit : « En face est le meilleur souvenir de ma vie[147] ». Il boit beaucoup mais peint aussi. Le père Gay ou même Marie Vizier n'hésitent d'ailleurs pas à l'enfermer dans l'arrière-boutique pour le soustraire à la boisson et le contraindre à produire. « Je lui faisais comprendre qu'il ne devait pas trop boire et il m'écoutait gentiment. À chaque toile qu'il finissait je lui donnais, naturellement, son litre de rouge et je l'empêchais de l'avaler d'un trait, mais certains soirs rien ne pouvait l'arrêter. J'avais beau l'enfermer dans son antre, il s'échappait par la fenêtre, et lorsqu'on me le ramenait à l'aube, dans l'état que vous imaginez, il était le premier à reconnaître qu'il avait tort et jurait sur la tête de sa mère qu'il ne recommencerait plus. » Promesse d'ivrogne, évidemment... Les enfants de la rue se moquent de lui, l'appellent « Litrio ». Maurice pousse de grands cris, vocifère, lance des insultes, s'insurge quand on le traite de déséquilibré : « Je ne suis pas fou, je suis alcoolique. » À la fin de l'année 1914, il est interné à Villejuif ; il n'en sortira que deux ans plus tard.

9 ter Rue Paul-Féval

Chez Marcel Aymé (1933-1963)

Carte 35

En 1933 ou 1934, Marcel Aymé s'installe rue Paul-Féval avec sa femme Marie-Antoinette et la fille de celle-ci, Colette. Il passera ici presque trente ans et y écrira l'essentiel de son œuvre.

La journée de l'écrivain est bien réglée : tous les matins, à 11 heures, Aymé rejoint ses amis dans un des cafés de la Butte : Chez Pomme, à l'angle des rues Lepic et Tholozé ; Au Clairon des Chasseurs ou Chez Barbe, place du Tertre ; Au Rêve, rue Caulaincourt. Il y commande une boisson non alcoolisée et joue aux

Marcel Aymé, vers 1945.
© Albert Harlingue/Roger-Viollet

cartes : belote, poker ou quatre-cent-vingt-et-un. L'écriture, c'est après déjeuner et, le plus souvent, le soir jusqu'à 2 heures du matin. Écrivain au style caustique, ironique, parfois teinté de fantastique – dans ses contes et nouvelles, notamment –, Marcel Aymé épingle une société en proie à ses contradictions ou versant dans l'hypocrisie pure et simple. Il dénonce notamment le marché noir dans la nouvelle *La Carte* et la collaboration tout comme la résistance de la dernière heure dans *Uranus*. L'écrivain s'en prend aux profiteurs et aux bonimenteurs de tous bords, ce qui fait du monde… et autant d'ennemis !

Fidèle en amitié, il reste proche de Céline malgré l'opprobre dont celui-ci est frappé après-guerre ; il va le voir à Meudon et le reçoit à Paris ou dans sa maison de campagne de Boisrouvre. Il soutient aussi Brasillach et lance une pétition envoyée au général de Gaulle pour lui demander la grâce du condamné à mort. L'appel est signé par soixante-trois écrivains, de tous les bords politiques, parmi lesquels Jean Paulhan, Jean Anouilh, François Mauriac, Paul Valéry, Albert Camus… qui a beaucoup hésité mais a tout de même apposé son nom, étant d'abord et avant tout contre la peine de mort.

Réputé à gauche avant-guerre, Marcel Aymé signe en octobre 1935 le *Manifeste des intellectuels français pour la défense de l'Occident*, très à droite et soutenant Mussolini. Ayant rallié dès 1933 Hitler et son idéologie antisémite, il publie de nombreux textes dans la presse de droite ou

> *« [Marcel Aymé] écrivit alors sous le coup d'une émotion qu'il ne put, ni ne voulut maîtriser, un article d'une violence inouïe contre les responsables de ces mesures ignobles et humiliantes qui nous atteignaient tous. »*
> **Henri Jeanson**

d'extrême droite avant et pendant la guerre ; ces journaux sont franchement collaborationnistes (*La Gerbe*, *Je suis partout*) mais pas la prose d'Aymé, qui ne contient aucun appel à travailler avec l'ennemi. En pleine guerre, il écrit même les dialogues du film *Nous les gosses* (1941), du réalisateur communiste et résistant Louis Daquin.

Henri Jeanson se souvient que Marcel Aymé s'offusque du port de l'étoile jaune pendant l'Occupation et « écrivit alors sous le coup d'une émotion qu'il ne put, ni ne voulut maîtriser, un article d'une violence inouïe contre les responsables de ces mesures ignobles et humiliantes qui nous atteignaient tous. Cet article, il le proposa en toute innocence à un journal. L'article fut accepté, composé et soumis à l'obligatoire censure allemande qui, comme prévu, en interdit la publication. À l'imprimerie, les typos en tirèrent alors de nombreuses épreuves à la brosse et se firent un devoir de les distribuer autour d'eux avec prière de faire circuler[148] ». Le résistant communiste Jacques-Francis Rolland rapporte par ailleurs que Marcel Aymé, insoupçonnable aux yeux des occupants puisqu'il publie dans la presse collaborationniste, prête son bureau au début de l'année 1944 à quelques résistants qui y tiennent leurs réunions[149].

C'est ici qu'il écrit les fameux *Contes du chat perché* (de 1934-1939), *Travelingue* (1941), les nouvelles du *Passe-muraille* (1943), *Uranus* (1948) ainsi que son théâtre, mis en scène au théâtre de l'Atelier, de l'autre côté de la Butte : *La Tête des autres* (1952-1959, réquisitoire contre la peine de mort et satire de la magistrature) et *Les Oiseaux de lune* (1955).

Il quitte cet appartement durant l'été 1963 pour s'installer au 26, rue Norvins (voir p. 165) où il passera les quatre dernières années de sa vie.

3 Rue Ravignan
Atelier de Manolo

Carte 36

Le sculpteur et peintre Manuel Martínez Hugué, dit Manolo, aurait eu un atelier à cette adresse. Artiste doué et personnalité farfelue, malhonnête notoire, Manolo arrive à Paris en 1901. Il est originaire de Barcelone, où il a fréquenté Els Quatre Gats et la bande à Picasso. Dans la capitale, il retrouve Casagemas, qui ne tardera pas à se suicider pour des histoires de cœur.

Manolo a beaucoup changé d'adresse, travaillant dans les ateliers qu'on lui prête, comme celui du céramiste Paco Durrio. Ingrat et voleur, il n'hésite pas à vendre les toiles de Gauguin que possède Durrio, qui manque de l'étrangler à son retour à Paris ! Mais heureusement tout finira par s'arranger, comme toujours avec Manolo, aussi crapuleux que sympathique. La liste de ses coups pendables est fort longue... On pourra citer l'épisode des retrouvailles avec son père, militaire, dans un poste de police où Manolo est arrêté, soupçonné de vol. Son père le tance, le fils se blottit contre lui, implore son pardon, l'obtient, sort libre du commissariat... avec en poche la montre du paternel ! Il a aussi organisé une loterie dont il fut le seul bénéficiaire, le tirage n'ayant jamais eu lieu. Lorsqu'on lui demande qui a gagné le lot, il répond notamment « André Salmon ». Manolo est expert dans l'art de ne pas payer au restaurant, les patrons préférant parfois le laisser partir sans régler la note que de s'offrir le scandale de la police dans leur commerce. À son marchand Kahnweiler, il demande plus d'argent pour faire une grande sculpture. À réception, l'œuvre est loin des dimensions attendues ; « Oui, mais elle est accroupie ! », aurait-il répondu. Fernande Olivier se souvient : « Manolo au contraire, bohème et gouailleur, était toujours en quête d'un gîte, d'un dîner, d'"ouna peseta", d'une bonne blague à faire dont il tirerait profit[150]. » Il disait de lui-même : « À part tuer, j'ai tout fait[151] ! »

> *“Manolo [...] bohème et gouailleur, était toujours en quête d'un gîte, d'un dîner, d'"ouna peseta", d'une bonne blague à faire dont il tirerait profit.”*
> **Fernande Olivier**

C'est un habitué du Lapin Agile, où il se lie notamment avec Léon-Paul Fargue et rencontre celle qui deviendra sa femme, « Tototte ». Comment savoir de source sûre où a vécu ce spécialiste de la « cloche de bois » (l'art de quitter un hôtel sans payer sa chambre) à Montmartre ? Un peu partout, sans doute, et, d'après André Roussard, il aurait donc eu un atelier au 3, rue Ravignan.

Lorsqu'il obtient en 1910, à trente-huit ans, un contrat avec Kahnweiler, il quitte Montmartre pour Céret, qu'il fera découvrir à ses nombreux amis, dont Picasso et Braque, et plus tard Soutine, animant ce petit village pour en faire un centre d'art et de peinture.

7 Rue Ravignan

Chez Max Jacob (1907-1911)

Carte 37

En octobre 1907, le poète Max Jacob quitte son frère qui l'accueillait dans son appartement du boulevard Barbès et s'installe ici dans un minuscule et sombre appentis en fond de cour, à côté des poubelles. On peut rêver mieux mais Max, très pauvre malgré l'élégance de ses tenues (son père, tailleur à Quimper, l'habille), ne peut s'offrir plus confortable. De nombreux témoignages évoquent cette pièce obscure où Max écrit et dessine à la lueur d'une lampe à pétrole qui répand une odeur désagréable : un sommier posé sur des briques, une table, une chaise, une étagère remplie de livres. Sur les murs, Max Jacob a dessiné à la craie verte et rose les signes du zodiaque. Un crucifix et son propre portrait complètent la décoration, tandis qu'une malle emplie de manuscrits fait office de siège. Mais ce pauvre intérieur dispose d'une pièce rare : un paravent illustré par Picasso.

Le 22 septembre 1909, alors que Max Jacob revient de la Bibliothèque nationale, il est saisi par une vision :

Jacques-Émile Blanche,
Portrait de Max Jacob, 1921.

« Il y avait sur mon mur un Hôte. Je tombai à genoux, mes yeux s'emplirent de larmes soudaines. Un ineffable bien-être descendit sur moi, je restai immobile, sans comprendre. [...] J'eus instantanément la notion que je n'avais jamais été qu'un animal, que je devenais un homme. Un animal timide. Un homme libre. Instantanément aussi, dès que mes yeux eurent rencontré l'Être Ineffable, je me suis déshabillé de ma chair humaine, et deux mots seulement m'emplissaient : MOURIR, NAÎTRE[152]. » Tout l'automne durant, Jacob ne cesse d'avoir des visions, assurant dialoguer avec les anges. Ses amis mettent plutôt ces apparitions sur le compte de l'éther dont Max est grand consommateur.

Quoi qu'il en soit, l'enchaînement des événements heureux prend alors pour lui valeur de symbole : Kahnweiler lui propose d'éditer un de ses ouvrages, *Saint-Matorel*, illustré par Derain. En décembre, son propriétaire fait installer une fenêtre (selon certaines versions, une verrière) afin d'éclairer son cubicule. Son conte *La Couronne de Vulcain* paraît dans la revue *Pan*. S'il publie peu, Max Jacob écrit beaucoup d'œuvres et de textes qui paraîtront ultérieurement : outre le *Saint-Matorel* déjà évoqué, *La Côte*, *Œuvres burlesques et mystiques du frère Matorel*, une comédie dramatique, *Kemper cancans* et nombre de récits qui composeront *Le Roi de Béotie*.

Au retour de ses vacances en Bretagne pendant l'été 1911, Max entre en conflit avec son propriétaire et se voit contraint de quitter ce qui fut pour lui la « chapelle de [son] souvenir éternel[153] ». C'est un autre poète, Pierre Reverdy, qui occupera à sa suite le cagibi avant d'intégrer, comme tant d'autres, le Bateau-Lavoir en avril 1912 (voir p. 201).

12 Rue Ravignan
Azon

Carte 38

À l'angle de la rue des Trois-Frères, ce restaurant joue un rôle déterminant dans l'histoire de l'art en tant que fournisseur principal de repas à une foule d'artistes désargentés. À commencer par la bande du Bateau-Lavoir : Picasso, sa femme Fernande et son chien Fricka, Van Dongen, Salmon et les autres. Les voisins plus ou moins proches font aussi partie des habitués : Max Jacob, Derain (qui est à la cité des Fusains), Braque, Apollinaire, Maurice Princet, Charles Dullin et parfois Modigliani. Les fauves, Matisse, Marquet, Camoin, Manguin, ne sont pas en reste. C'est ici que Van Dongen et Vlaminck se lient d'amitié.

Le père Azon fait facilement crédit. Pour régler une ardoise ou par simple amitié, on lui offre des œuvres. Malgré sa jolie collection, le père Azon finit quand même par faire faillite. Destin ingrat des grands cœurs ! L'établissement s'appelle désormais Le Relais de la Butte.

Le Bateau-Lavoir

13 Rue Ravignan
(place Émile-Goudeau)

Carte 39

L'origine du nom est confuse. Les premiers temps de sa fréquentation par les peintres, la bâtisse est surnommée la « Maison du Trappeur », sans doute parce qu'elle est construite en bois. Le surnom de « Bateau-Lavoir » ne vient qu'ensuite, du fait de Max Jacob ou d'André Salmon. Et ce serait par dérision qu'aurait ainsi été baptisé ce local ne disposant que d'un seul point d'eau ou, plus probable-

Le Bateau-Lavoir, vers 1920.
© Roger-Viollet

ment, pour la ressemblance formelle qu'il présentait avec les bateaux-lavoirs flottant sur la Seine.

L'immeuble appartient, en 1867, à un mécanicien-serrurier du nom de François-Sébastien Maillard, « dont on retrouvait les initiales M.F.S. en fer forgé, apposées sur la porte d'entrée. Le savant Paul Langevin serait né en 1872 dans ce bâtiment, son père travaillait alors chez Maillard comme artisan serrurier, et avait loué deux pièces dans la maison[154]. » À l'été 1889, le propriétaire décide de faire construire des ateliers pour les artistes et en demande les plans à l'architecte Paul Vasseur... qui fait au plus simple : « Il se contenta de compartimenter les étages avec des cloisons de planches, créant une sorte de labyrinthe de coursives et d'escaliers absurdes[155]. » Jean-Paul Crespelle ajoute : « Tout, dans la disposition des lieux, était insolite et cocasse. »

L'entrée principale de la bâtisse, au 13, rue Ravignan (aujourd'hui place Émile-Goudeau), est un rez-de-chaussée qui devient un deuxième étage lorsqu'on le considère depuis la rue Garreau. D'ailleurs, l'immeuble comporte-t-il deux ou trois étages ? Les témoignages divergent. L'examen des photos anciennes (ainsi que deux plans au sol de Jeanine Warnod) montre que le Bateau-Lavoir est composé de plusieurs structures avec diverses entrées. Il s'agit d'un phalanstère en forme de puzzle, déroutant de l'extérieur comme de l'intérieur : « Les ateliers où logèrent Picasso, Max Jacob, André Salmon, Pierre Mac Orlan, Modigliani, se trouvaient à la fois au deuxième étage et au sous-sol. Ce dénivellement créait une impression de labyrinthe. Des couloirs se coupaient à angle droit, des portes se suivaient en désordre, l'une plus délabrée que l'autre, couvertes encore des dessins, des inscriptions, des graffitis que les anciens locataires avaient laissés. Les escaliers craquaient, les murs en bois suintaient, l'odeur de moisi et de chat persistait, la petite fontaine sur le palier où tous venaient prendre de l'eau était toujours aussi rouillée et entartrée[156]. » Cette fontaine est le seul point d'eau de l'édifice et en conséquence l'immanquable point de rencontre des locataires. Il n'y a ni gaz ni électricité (elle n'est installée que dans les années 1930). L'hiver, il fait si froid que si le bougnat ne livre pas gratuitement du charbon pour les beaux yeux de Fernande, le couple Picasso reste au lit toute la journée. L'été, au contraire, la chaleur est étouffante. Picasso peint alors presque nu... Kahnweiler affirme que « personne ne pourra jamais se faire une idée de la pauvreté, de la misère lamentable de ces ateliers de la rue Ravignan. Celui de Gris était peut-être encore pire que celui de Picasso, d'ailleurs[157] ».

> ***« [L'architecte Paul Vasseur] se contenta de compartimenter les étages avec des cloisons de planches, créant une sorte de labyrinthe de coursives et d'escaliers absurdes. [...] Tout, dans la disposition des lieux, était insolite et cocasse. »***
>
> **Jean-Paul Crespelle**

Jeanine Warnod relativise : « La misère du Bateau-Lavoir, excepté pour Gris et Max Jacob, n'a pas toujours été aussi tragique que certains ont voulu le dire. Certes, tous ont eu des débuts difficiles, mais Picasso, même dans ses premières années parisiennes, recevait des mandats de son père, et aucun d'entre eux ne fut privé de peindre par manque d'argent. Ils aimaient le décor et l'atmosphère misérable du Bateau-Lavoir parce qu'ils y trouvaient satisfait leur besoin de liberté dans la création. Là, rien ne pouvait les distraire de leur travail[158]. » Pourtant, si l'on en croit Dorgelès, Picasso se trouve momentanément dans l'impossibilité de se procurer un tube de peinture, son fournisseur lui ayant coupé le crédit. Comme le galeriste Soulier lui passe commande pour le lendemain d'un bouquet, l'artiste, en rupture de couleur blanche, improvise : « Pablo, sans s'émouvoir, se mit à son chevalet et réussit ce tour de force de peindre un bouquet sans une touche de blanc[159]. »

En dépit de l'inconfort du Bateau-Lavoir, les artistes y affluent en raison de la modicité des loyers : « 15 francs pour Picasso. À la fin de la guerre, en 1918, Juan Gris ne payait encore que 35 francs[160]. » Des puits d'aération traversaient l'immeuble de part en part. L'un d'eux, un soir d'hiver, causa la mort d'un locataire allemand qui était monté sur le toit pour déblayer la neige obscurcissant la verrière de son atelier. Il tomba dans l'un de ces pièges et s'y cassa les reins[161]. »

Un autre drame survient fin 1908, quand le peintre allemand Wigels se pend à une poutre de son atelier, sans aucune explication. On soupçonne un état de manque puisque l'artiste se droguait. (Curieusement, l'artiste qui reprendra son atelier, Jacques Vaillant, se donnera aussi la mort, vingt-cinq ans plus tard, avec son revolver rapporté des tranchées.) Le suicide de Wigels trouble beaucoup Picasso et est peut-être à l'origine de son départ du phalanstère. Cette mort tragique émeut aussi ses autres confrères, qui décident de lui offrir de somptueuses funérailles : « D'abord Frédé [le patron du Lapin Agile], voulant faire honneur à son jeune client, eut l'idée singulière d'étrenner un complet de velours blanc, que

Modigliani dans son atelier au Bateau-Lavoir, en 1915.
© DR

Le Bateau-Lavoir, vers 1900.
© Roger-Viollet

complétait son fameux serre-tête rouge. C'est déjà coquet. Mais les autres soignèrent également leur tenue – robes à traîne, capes espagnoles, foulards multicolores, riquimpettes de chez le fripier, feutres de torero – et les habitants de l'avenue de Saint-Ouen, pourtant habitués à toutes sortes de convois, regardèrent avec stupeur défiler ce cortège, se demandant de quel pays pouvait être ce défunt que les siens conduisaient à sa dernière demeure vêtus en noce de bohémiens[162]. » Seul Pascin est en noir, comme tous les jours. Dorgelès ajoute que le cortège est fermé par le fiacre du peintre René Denèfle accompagné d'une jeune femme « vêtue d'une robe écarlate et saoule de haschich ». Devant les salutations de la foule au passage de cette procession bariolée, elle se lève, envoie des baisers et jette des fleurs de son bouquet mortuaire. Le public n'apprécie guère et réagit vivement. Le cocher, prudent, préfère faire demi-tour.

Le peintre abstrait Auguste Herbin, qui a fréquenté le Bateau et ses prestigieux occupants, résume l'aura du lieu : « Une rare oasis dans la ville immense, abri miraculeux pour de nombreux artistes dans la misère. Un propriétaire patient et conciliant, la concierge au grand cœur, Mme Coudray, qui portait souvent un bol de bouillon au plus malheureux, ont gardé une bonne place dans nos souvenirs. La vie quotidienne du Bateau-Lavoir était agitée et pittoresque. Le cubisme a trouvé là le climat le plus propice à sa naissance[163] ».

Façade du Bateau-Lavoir donnant sur la rue d'Orchampt.

Atelier de Maxime Maufra (1892-1894)

Premier arrivé, en 1892, au Bateau-Lavoir, le peintre paysagiste Maxime Maufra est un adepte de Gauguin qu'il a rencontré à Pont-Aven. Au Bateau-Lavoir, il reçoit ses amis, l'homme d'État Aristide Briand, le poète Victor-Émile Michelet, le docteur et collectionneur Maurice Mary, le critique Gustave Babin, le futur député Félix Gaborit. Du beau monde… plus subversif qu'il n'y paraît : « On parlait de tout et sur toutes choses : démolir, bâtir, abattre, écraser, tomber. Ah, il n'eût pas fait bon à un vrai bourgeois de parvenir dans ce milieu bourgeois de récalcitrants. Cependant personne n'y trouva la mort, bien qu'un vieux crochet fixé à une poutre du plafond semblât, ainsi que le disait Clovis Hugues, anarchiste, poète, peintre et plus tard député, attendre la corde que l'on se met au cou dans un instant de suprême désespoir[164]. »

Atelier de Pablo Picasso (1904-1909)

L'occupant le plus prestigieux du Bateau-Lavoir, Pablo Picasso, s'y installe en avril 1904. Il arrive alors de Barcelone. Depuis 1900 et l'Exposition universelle, l'artiste espagnol vit le plus souvent à Paris (voir notamment rue Gabrielle, p. 134) tout en retournant fréquemment dans son pays. Mais cette fois, c'est la bonne : Picasso récupère l'atelier du céramiste Paco Durrio et s'installe dans ce Bateau-Lavoir dont il va construire la légende.

Pablo Picasso à Montmartre, place Ravignan (aujourd'hui place Émile-Goudeau), en 1904.

Cet établissement correspond à la fin de la fameuse période bleue, laquelle, à défaut de succès commercial, contribue beaucoup à la notoriété de Picasso. Bien qu'un éminent spécialiste du peintre s'insurge contre cette découpe, le printemps 1904 ouvre ce qu'il est convenu d'appeler la période rose[165] : si les thèmes du désespoir et de la misère profonde mettent du temps à s'estomper (il y aura même un « suicide »), la palette s'oriente vers des couleurs rosées et orangées, les personnages prennent la forme de saltimbanques ou d'arlequins. Peu à peu, l'allégresse revient. Fernande n'y est peut-être pas pour rien.

De son vrai nom Amélie Lang, Fernande est née le 6 juin 1881 (quelques mois avant Pablo), « enfant non désirée d'une fille mère et d'un père marié[166] ». Unie en 1899 à un homme brutal, elle le quitte pour vivre avec le sculpteur Laurent Debienne au Bateau-Lavoir. Elle devient alors modèle pour les artistes. Elle croise souvent un étrange personnage « petit, noir, trapu, inquiet, inquiétant, aux yeux sombres, profonds, perçants, étranges, presque fixes. Gestes gauches, mains de femme, mal vêtu, peu soigné. Une mèche épaisse, noire et brillante, balafrait le front intelligent et têtu. Mi-bohème, mi-ouvrier dans sa mise, ses cheveux

trop longs balayaient le col d'un veston fatigué[167]. » Elle ajoute le croiser si souvent sur la place Ravignan (maintenant Émile-Goudeau) et voir tant d'Espagnols défiler chez lui qu'elle se demande quand il peut bien travailler. La nuit, bien sûr ! À la lampe à pétrole et à la bougie. Ce qui n'est sans doute pas sans influence sur sa peinture, assez éloignée du plein air et des bains de lumière... La rencontre entre Picasso et Fernande a lieu le 4 août 1904 alors que la jeune femme se hâte vers le Bateau-Lavoir pour échapper à l'orage qui menace. Picasso lui bloque le passage : « Il tenait entre ses bras un tout jeune chat qu'il m'offrit en riant, tout en m'empêchant de passer. Je ris comme lui. Il me fit visiter son atelier[168]. »

Une histoire d'amour commence. Mais Fernande hésite : « Accepter la misère avec un être parce qu'il vous aime ? Seulement pour cela ? Mais ce n'est pas possible. J'aime mieux travailler », avoue-t-elle dans ses

Mémoires[169]. Elle croise à nouveau le peintre chez des amis communs, Ricard et Benedetta Canals. Devient la maîtresse d'un autre peintre catalan, Joaquím Sunyer... puis finit par céder aux avances de Picasso et s'installe chez lui. Elle partagera donc la misère de Pablo et ne travaillera pas, d'une part parce qu'elle se considère elle-même comme « très paresseuse », ensuite parce que Picasso est trop jaloux pour accepter qu'elle soit modèle pour d'autres artistes, n'en connaissant que trop les dangers. C'est donc lui qui balaie et fait les courses. Fernande se charge des commandes chez le pâtissier de la place des Abbesses, « lui recommandant de livrer à midi exactement. À midi le livreur arrivait, frappait en vain et finissait par laisser son panier à la porte qui s'ouvrait dès qu'il était parti... On payait quelques jours après, quand on le pouvait[170] ». Comme tous les rapins de la Butte, le couple vit à crédit. Parfois, un miracle survient : la chienne Fricka rapporte un chapelet de saucisses volé à quelque étal... ou un ami, tel le céramiste Paco Durrio, laisse discrètement sur le pas de la porte « une boîte de sardines, un pain et un litre de rouge[171] ». « Pour les gargotiers, on y prenait les repas toujours à crédit et pendant si longtemps qu'ils étaient bien obligés de continuer s'ils ne voulaient pas tout perdre. Il y avait Vernin, rue Cavalotti, Azon, rue Ravignan, où l'on dînait pour 90 centimes, y compris, à la fin du repas, un petit verre qui était souvent versé par le patron lui-même[172]. »

> ***« Accepter la misère avec un être parce qu'il vous aime ? Seulement pour cela ? Mais ce n'est pas possible. J'aime mieux travailler. »***
>
> **Fernande Olivier**

Plusieurs témoignages donnent l'idée de ce qu'est alors l'atelier. Fernande le décrit froidement : « Un sommier sur quatre pieds dans un coin. Un petit poêle de fonte tout rouillé supportant une cuvette en terre jaune servait de toilette ; une serviette, un bout de savon étaient posés sur une table de bois blanc à côté. Dans un autre coin, une pauvre petite malle peinte en noir faisait un siège peu confortable. Une chaise de paille, des chevalets, des toiles de toutes dimensions, des tubes de couleur éparpillés à terre, des pinceaux, des récipients à essence, une cuvette pour l'eau-forte, pas de rideaux. Dans le tiroir de la table, il y avait une souris blanche apprivoisée que Picasso soignait avec tendresse et montrait à tout le monde[173]. » Salmon voit dans les lieux « une case à peintre, en planches. Une table ronde, petite, bourgeoise, acquise à la brocante ; un vieux divan servant de lit ; le chevalet. Taillée dans la forme primitive de l'atelier, une petite chambre avec dedans quelque chose comme un lit.

Picasso et Fernande à Montmartre.

C'était devenu un réduit. Les familiers appelaient ça "la chambre de la bonne". On y fit des farces diverses, sans la participation du maître de la maison, et ça, jusqu'à la venue, qui ne tarda pas beaucoup, de Fernande Olivier[174] ». Certains évoquent un autel que Picasso, mi-fleur bleue, mi-ironique, aurait fabriqué en hommage à sa compagne.

La porte est couverte de messages et de rendez-vous griffonnés : « Manolo est chez Azon », « Tototte est venue », « Derain viendra cet après-midi[175] »... Quelqu'un a aussi écrit, à la craie de couleur : « Au rendez-vous des poètes[176] ». Outre les amis espagnols qui défilent toute la journée, les poètes fréquentent l'atelier. Et non des moindres : André Salmon, Max Jacob et Apollinaire deviennent vite des habitués de ce « laboratoire central ».

Max Jacob rencontre Picasso en juin 1901 à la suite d'une exposition chez Vollard (voir p. 42). C'est le début d'une amitié qui ne cessera qu'avec la disparition tragique du poète, au camp de Drancy, le 5 mars 1944. Pablo est le parrain de Max lorsque celui-ci se fait baptiser à Notre-Dame-de-Sion, le 18 février 1915. En retour, Max est témoin du mariage de Pablo et d'Olga, le 12 juillet 1918, en compagnie de Cocteau et Apollinaire.

En 1905[177], Apollinaire a l'habitude de prendre un verre en fin de journée à deux pas de la gare Saint-Lazare, à l'Austin's Railway Hotel Bar and Restaurant, au 26, rue d'Amsterdam, à l'angle de la place de Budapest. Ses amis savent qu'ils peuvent l'y retrouver, lisant un des nombreux livres qu'il transporte avec lui dans les poches de son manteau ou de sa veste. Un soir de février, celui qu'il appelle le secrétaire ou le baron Mollet (et qui n'est ni l'un ni l'autre) lui présente un jeune homme brun qui n'est autre que Picasso. L'amitié est immédiate. Le lendemain, Pablo revient et présente à Guillaume Max Jacob. Dans les jours qui suivent, Apollinaire va rendre visite à Picasso dans son atelier du Bateau-Lavoir : « au moment où il se disposait à toquer contre une porte, son cœur battit plus fort, crainte de ne trouver personne. Il toquait à la porte et criait : "C'est moi, Croniamantal." Et derrière la porte les pas lourds d'un homme fatigué, ou qui porte un faix très pesant, vinrent avec lenteur et quand la porte s'ouvrit ce fut dans la brusque lumière la création de deux êtres et leur mariage immédiat[178]. »

La rencontre avec André Salmon a lieu sous les auspices du sculpteur Manolo, sans doute en janvier 1905. Picasso « était vêtu de bleu comme ses modèles imaginaires et comme un mécano parisien. Ses yeux de cassis brillaient. La célèbre mèche dessinait un point d'interrogation ». « Une lampe bourgeoise, touchante, éclairait, assez mal, l'atelier. Pour nous présenter les toiles nombreuses qui s'entassaient ici, s'empilaient là ou bien figuraient à la haute muraille, Picasso alluma une bougie qu'il tint à bout de bras, devant chaque tableau[179]. » C'est la période bleue, une révélation pour Salmon : « Peinture en camaïeu. Pour le dessin, rencontre inattendue de l'adolescent précipité à la vie artistique par l'exemple de Steinlen et de Toulouse-Lautrec découvert aux kiosques à journaux des *Ramblas* barcelonaises et de l'homme révélé à soi-même par le Greco. Couples affamés, mères sans lait et ces arlequins trismégistes qu'allait exalter Apollinaire, leur conférant une idéale identité[180]. » Ils passent la nuit à discuter. Pour se revoir dès le lendemain.

C'est lors de cette deuxième rencontre que Salmon tombe devant la porte de Picasso sur un petit homme précocement dégarni. Ils ne se sont jamais vus mais se reconnaissent néanmoins sur-le-champ : « Monsieur Max Jacob ? – Monsieur André Salmon, sans doute[181] ? »

Hasard ou stratégie ? Picasso a du flair et mise, en amitié comme pour le reste, sur ces trois poètes séduits par la puissance de son art comme par sa personnalité. Max est pauvre mais doué et dévoué à la cause de son ami. Il l'a hébergé, il va vendre ses tableaux, faire sa promotion dans tout Paris. Son esprit vif et ses costumes de belle coupe devraient faire merveille. Apollinaire n'est pas encore très connu mais dès le mois d'avril, il écrit son premier article sur Picasso et se fait l'ardent défenseur de son ami et du cubisme[182]. Des trois, André Salmon est sans doute le plus connu à l'époque (et le moins aujourd'hui). Après le recueil périodique *Vers et Prose*, où il assistait Paul Fort, il a maintenant ses entrées avec Rachilde au *Mercure de France*, revue très en vue où siège notamment Léautaud. Poète, écrivain, dramaturge, il est aussi journaliste et met, comme Apollinaire, sa plume au service de son ami Picasso. Un Breton juif, un Polono-Italien, un Parisien ayant passé son adolescence à Saint-Pétersbourg : ces trois mousquetaires du verbe, fine fleur du cosmopolitisme français, se battront pour leur d'Artagnan espagnol.

D'autres alliés se manifestent. À l'automne 1905[183], Henri-Pierre Roché[184], qui connaît tout le monde, monte au Bateau-Lavoir présenter au maître deux Américains qui lui ont acheté des œuvres. L'homme, Leo Stein, est arrivé à Paris en 1902 et sa sœur, Gertrude, quelques mois plus

Portrait d'André Salmon devant *Trois femmes* de Picasso dans l'atelier du Bateau-Lavoir, en 1908.
© René-Gabriel Ojéda/RMN-GP

tard, fin 1903. Sans rouler sur l'or, tous deux ont quelques moyens, vivant des revenus d'un patrimoine confortable. Peintre amateur mais véritable amateur d'art, nourri d'histoire de l'art et de théorie, Leo est séduit par Cézanne. Qu'il achète chez Vollard. Dans une galerie voisine de la rue Laffitte, chez Clovis Sagot, les Stein découvrent Picasso. Ancien clown, brocanteur et marchand très dur en affaires, Sagot est une âme cynique. Sollicité par Picasso et flairant son besoin d'argent, il sélectionne trois études, « une gouache sur carton, assez grande, représentant deux saltimbanques assis ; une toile : des fillettes tenant dans leurs mains une longue corbeille emplie de fleurs, et une autre dont le sujet m'échappe[185] » et offre 700 francs pour l'ensemble. L'artiste refuse. Quelques jours plus tard, poussé par la misère, Pablo retourne voir Sagot qui, cette fois, n'offre plus que 500 francs. Ulcéré, Picasso tourne les talons. Mais se voit néanmoins contraint de revenir… pour ne plus s'entendre proposer que 300 francs. Le peintre est furieux mais accepte.

Malgré ses défauts, Sagot sait distinguer la vraie peinture et les valeurs montantes ; il fait aux Stein un éloge vibrant de Picasso. Leo achète une gouache sur carton et est emballé par une toile, *Fillette au panier de fleurs*. Gertrude moins, troublée par les jambes maigres et les pieds de la fillette. Toujours pratique, Sagot propose aussitôt de couper le bas de la toile… Il n'en sera heureusement rien. Leo revient seul voir Sagot et lui achète le tableau pour 150 francs. « Arrivé en retard pour le dîner, il trouva Gertrude à table et lui apprit la nouvelle. Elle en laissa tomber ses couverts dans son assiette et déclara qu'il lui avait coupé l'appétit – scène dont on comprend aisément que, trente ans plus tard, et eu égard au tour qu'auront pris les choses dans le vaste intervalle, Gertrude n'ait pas souhaité se souvenir[186]... »

Les Stein se rendent donc au Bateau-Lavoir. Fernande les observe. « Lui, l'air d'un professeur, chauve, avec des lunettes d'or. Longue barbe aux reflets roux, l'air malin. Un grand corps roide, aux attitudes curieuses, aux gestes raccourcis. [...] Elle, grosse, courte, massive, belle tête, forte, aux traits nobles, accentués, réguliers, les yeux intelligents, clairvoyants, spirituels. L'esprit net, lucide. Masculine dans sa voix, dans toute son allure[187]. » Un déclic se produit immédiatement ; débute alors une belle et longue amitié entre l'artiste espagnol et l'écrivaine américaine. Les deux baragouinent plus qu'ils ne parlent le français, ce qui les rassure et les rapproche. Pablo propose à Gertrude de faire son portrait. Celle-ci se rend alors régulièrement chez lui, traversant Paris de la rue de Fleurus au Bateau-Lavoir. « Presque tous les après-midi, Gertrude Stein allait à Montmartre, elle y posait pour Picasso, puis elle rentrait à pied en se promenant à travers Paris. C'est alors qu'elle contracta l'habitude, qu'elle n'a jamais perdue depuis, de faire de longues promenades dans Paris [...]. Les samedis après-midi les Picasso rentraient avec elle, et dînaient rue de Fleurus, puis c'était la soirée du samedi[188]. » Entre quatre-vingts et quatre-vingt-dix séances sont nécessaires « et à la fin il effaça la tête. Il me dit qu'il ne pouvait plus me voir et partit pour l'Espagne [...]. À son retour, Picasso peignit la tête sans me revoir, puis il me donna le tableau. J'étais et je suis toujours contente de mon portrait. Pour moi, c'est moi. C'est la seule reproduction de moi qui soit toujours moi[189]. »

Ce portrait marque une date importante. Si Picasso a eu du mal à saisir son modèle sur le vif, c'est en le poursuivant de mémoire qu'il a terminé le tableau. Un changement s'est produit en Espagne. À Gósol, où il se rend après Barcelone, Picasso peint quelques très beaux nus de Fernande mais réalise aussi ses deux premières gravures sur bois (qu'on ne découvrira qu'après sa mort). Il dessine, dans son *Carnet catalan*, des femmes du village dont « le visage est réduit au masque par le port d'un foulard enserrant la chevelure[190] ». Avec ce

> **“ *Elle [Gertrude Stein], grosse, courte, massive, belle tête, forte, aux traits nobles, accentués, réguliers, les yeux intelligents, clairvoyants, spirituels. L'esprit net, lucide. Masculine dans sa voix, dans toute son allure.***
> **Fernande Olivier ”**

Pablo Picasso, *Gertrude Stein*, 1906.

qu'il vient de découvrir et les photos qu'il possède, prises en Égypte ou en Kabylie, Picasso crée un art de synthèse, un primitivisme vivant. Le portrait de Gertrude Stein qu'il termine à son retour fin juillet est très ressemblant mais évoque en même temps un masque.

Avant de rencontrer les Stein, Picasso a éprouvé plusieurs chocs

Sur cette photo de groupe, on reconnaît les Derain, Pablo Picasso (à droite) et Fernande Olivier debout au second plan.
© DR/RMN-GP

esthétiques au Salon d'automne de 1905 : le scandale des fauves[191], la rétrospective Manet et la révélation du *Bain turc* d'Ingres, caché depuis une quarantaine d'années et qui sort Ingres de son académisme. Puis, à la fin de l'année au Louvre, il découvre l'exposition sur l'« art ibérique d'avant la conquête romaine, avec la *Dame d'Elche* et des sculptures jusque-là inconnues provenant de Cerro de los Santos, c'est-à-dire de son Andalousie natale[192] ». Picasso est émerveillé par cet art méconnu dont le primitivisme influencera, peut-être plus encore que l'art nègre, l'élaboration de son chef-d'œuvre *Les Demoiselles d'Avignon* dans le tournant décisif vers le cubisme.

En 1906, à la veille des Indépendants du printemps, Matisse expose chez Druet « cinquante-cinq peintures, des sculptures, et surtout des lithographies et gravures sur bois, premières radicalisations positivistes. Ces dernières produisirent un choc sur Picasso[193] ». Aux Indépendants, Matisse révèle sa grande toile-manifeste, *Le Bonheur de vivre*, « éclatante de couleurs, de rythmes et de simplifications de la forme[194] ». Ce tableau, acheté par Leo Stein, quittera la France en 1914 pour une collection danoise, et sera acquis en 1922 par Barnes qui l'enfermera dans sa collection en en interdisant toute reproduction en couleur jusqu'en 1993. Mais Picasso a la chance de voir, chez les Stein, cette explosion colorée. Le tableau déclenche l'ire d'une bonne partie de la critique, précisément en raison de ses « invraisemblables couleurs ». À l'exposition « Manet-Redon » qui se tient chez Durand-Ruel du 28 février au

15 mars, Matisse et Picasso se croisent. Le premier dénigre Manet au profit de Redon. Pour Picasso, « cela n'a pas de sens. Redon est un peintre intéressant, mais Manet, Manet est un géant ! ». « Matisse parlait, parlait, je ne pouvais pas placer un mot, alors je disais juste oui, oui. Mais tout cela est absurde[195] ! » En avril, les Stein mènent les Matisse (du moins Henri et sa fille Marguerite) au Bateau-Lavoir. Commence une relation amicale, non dénuée d'ambiguïté et de rivalité mais nourrie

d'une admiration réciproque. Leur vie durant, les deux peintres se jaugeront, s'emprunteront des motifs ou des techniques, se stimuleront et, parfois, s'appuieront.

Les Demoiselles d'Avignon

À l'automne 1906, Picasso peint *Deux femmes nues*, lourdes, massives, sculpturales, relevant moins d'un travail sur l'anatomie que sur les formes et les volumes. Il commence un grand chantier, appelé à s'étirer sur plusieurs mois, qui n'est autre que celui des *Demoiselles*. De nombreuses toiles ainsi que d'innombrables dessins en nourrissent l'élaboration.

En février 1907, Ambroise Vollard réapparaît et lui achète plusieurs œuvres pour 2 500 francs, ce qui permet à Picasso de pouvoir travailler l'esprit libre, d'autant plus que les Stein continuent d'être ses clients. Pour attaquer son grand-œuvre, témoigne Fernande, il « fait chercher des échantillons dans différents magasins. Il choisissait soigneusement et commandait une pièce de l'échantillon choisi. Il aimait une toile fine, serrée, au grain très lisse, moins absorbante que les autres. Le temps altère sans doute moins la pâte, une fois l'œuvre achevée[196] ». Picasso prépare ses toiles lui-même dans un local, aujourd'hui démoli, qu'il loue rue Cortot au fond d'un jardin.

Apollinaire passe au Bateau-Lavoir et voit le travail en cours de son ami. Si ce ne sont pas encore les *Demoiselles*, les œuvres et ébauches révèlent une esthétique en mouvement. Dans son *Journal intime*, Apollinaire note, le soir du 27 février : « Le soir dîné chez Picasso, vu sa nouvelle peinture : couleurs égales, roses de chair, de fleurs, etc., têtes de femmes pareilles et simples, têtes d'hommes aussi. Admirable langage que nulle littérature ne peut indiquer, car nos mots sont faits d'avance. Hélas[197] ! » On a beaucoup glosé sur le silence d'Apollinaire au sujet des *Demoiselles*. Daix : « Apollinaire, qui n'aime pas *Les Demoiselles*[198]. » Penrose : « Même Apollinaire, qui avait fait preuve de tant de compréhension dans sa première critique, n'arriva pas à digérer un changement aussi incompréhensible[199]. » Kahnweiler, jamais à court d'une vacherie sur Apollinaire, affirme : « Il faut toujours dire [que] Picasso avait été abandonné par tous... Apollinaire

> *« Le soir dîné chez Picasso, vu sa nouvelle peinture : couleurs égales, roses de chair, de fleurs, etc., têtes de femmes pareilles et simples, têtes d'hommes aussi. Admirable langage que nulle littérature ne peut indiquer, car nos mots sont faits d'avance. Hélas ! »*
>
> **Guillaume Apollinaire**

Pablo Picasso, *Les Demoiselles d'Avignon*, 1907.

notamment[200]. » Peter Read, toutefois, constate qu'« Apollinaire n'exprime jamais d'opinion négative à propos de la peinture de Picasso[201]. » S'il n'a pas écrit sur les *Demoiselles,* c'est tout simplement parce que, entre 1905 et 1910, il n'avait pas de tribune pour le faire. Les journaux auxquels il contribue lui demandent manifestement de parler des Salons et des expositions ; or Picasso n'expose pas. Et l'on sait que *Les Demoiselles* ne seront dévoilées au public qu'en... 1916 ! Comme l'affirme un grand spécialiste du poète, Michel Décaudin, « il n'était pas homme en 1907 à s'offusquer de l'audace de cette peinture[202] ». De plus, Apollinaire a compris la métamorphose de son

Daniel-Henry Kahnweiler photographié par Picasso (ici dans l'atelier du boulevard de Clichy), à l'automne 19010.
© DR/RMN-GP/Succession Picasso

ami. « Et Maurice Raynal cite aussi cet aphorisme : “L'homme passe la première partie de sa vie avec les morts, la seconde avec les vivants, la troisième avec lui-même[203].” »

Il est vrai toutefois que la majorité des amis de Picasso, anciens ou nouveaux, ne comprennent pas immédiatement le tableau. Derain confie à Kahnweiler qu'« on trouvera un jour Picasso pendu derrière son grand tableau tellement cette entreprise paraît désespérée[204] ». Mais d'autres apprécient *Les Demoiselles* : Ardengo Soffici[205], Wilhelm Uhde, qui dit avoir reçu un mot de Picasso lui demandant de venir le voir, inquiété par les réactions de Vollard et Fénéon (le critique), visiblement circonspects devant le travail en cours[206]. Uhde, qui y trouve « quelque chose d'assyrien », alerte son jeune ami Daniel-Henry Kahnweiler. Pour ce dernier, le choc est certain et l'approbation totale. Débute une amitié qui durera toute leur vie mais aussi un partenariat marchand et intellectuel. Car Kahnweiler, qui savait débusquer les talents, les acheter et les vendre, savait aussi éditer et écrire.

Au printemps de cette déterminante année 1907, Picasso, déjà secoué par l'art ibérique, découvre ce que l'on appellera « l'art nègre » : « Quand je suis allé au Trocadéro, c'était dégoûtant. Le marché aux puces. L'odeur. J'étais tout seul. Je voulais m'en aller. Je ne partais pas. Je restais. Je restais. J'ai compris que c'était très important : il m'arrivait quelque chose, non ? Les masques, ils n'étaient pas des sculptures comme les autres. Pas du tout. Ils étaient des choses magiques. » « Les Nègres, ils étaient des intercesseurs. » « Mais tous les fétiches, ils servaient à la même chose. Ils étaient des armes. Pour aider les gens à ne plus obéir aux esprits, à devenir indépendants. » La révélation, là encore, est foudroyante ; s'il croyait trouver une voie singulière dans son travail, il en a maintenant la certitude. « J'ai compris pourquoi j'étais peintre. Tout seul dans ce musée affreux, avec des masques, des poupées peaux-rouges, des mannequins poussiéreux. *Les Demoiselles d'Avignon* ont dû arriver ce jour-là, mais pas du tout à cause des formes : parce que c'était ma première toile d'exorcisme, oui[207] ! »

Mais au fait, pourquoi ce nom de *Demoiselles d'Avignon* ? Picasso préférait celui de *Bordel d'Avignon*, qui fait référence à une rue chaude de Barcelone, la Carrer d'Avinyó (rue d'Avignon). Elle a été surnommée *Le Bordel philosophique*, soit par un ami de Picasso, soit par Salmon, Apollinaire et Max Jacob[208]. Le titre actuel et définitif est du même Salmon, organisateur du Salon d'Antin en 1916, chez le couturier et mécène Paul Poiret.

Le tableau ne sera acheté qu'en décembre 1924 par le mécène Jacques Doucet, sur les conseils d'André Breton. Huit ans après sa mort, sa veuve vend *Les Demoiselles* à la galerie Jacques Seligman, rue de la Paix, qui s'empresse de l'envoyer le mois suivant à sa succursale de New York dans le cadre d'une exposition sur l'évolution de la peinture de Picasso (1903-1923). Le MoMA en fait l'acquisition en 1939.

Vers le cubisme

Son chef-d'œuvre à peine achevé, Picasso entame, dès septembre, les croquis menant à un nouveau vaste tableau, *Trois femmes*. Gertrude Stein fait dire à Alice Toklas : « Contre le mur il y avait un énorme tableau, une étrange masse de lumière et de couleurs sombres, c'est du moins tout ce que je peux dire d'un groupe, un énorme groupe, à côté duquel se trouvait un autre tableau rouge-brun, trois femmes carrées et figées en de grands gestes, plutôt effrayantes elles aussi[209]. » En octobre, la rétrospective Cézanne au Salon d'automne

Marie Laurencin, *Apollinaire et ses amis (Une réunion à la campagne)*, 1909.
© Photo CNAC/MNAM Dist. RMN/Jean-Claude Planchet/Adagp, Paris 2015

fait grand effet sur les peintres. Et sur Picasso parmi eux, bien sûr. Pour l'occasion, sont publiées les lettres du maître d'Aix à Émile Bernard, dont celle du 15 avril 1904 dont certains enseignements ne tarderont pas à fleurir du côté du Bateau-Lavoir : « Traiter la nature par le cylindre, la sphère, le cône, le tout mis en perspective, soit que chaque côté d'un objet, d'un plan, se dirige vers un point central[210]. »

Matisse et Picasso se voient, échangent des tableaux. Chacun est pour l'autre un référent important, un « amer » comme l'on dit en marine, point de repère fixe sur la terre ferme permettant de se positionner. Ils se rapprochent et s'éloignent alternativement. L'année 1908 qui débute marque une phase de refroidissement. Matisse voit d'un mauvais œil l'amitié entre Picasso et Gertrude Stein et ses nouvelles alliances avec Derain et Braque, issus du fauvisme. Chez la mécène américaine, deux clans se forment, les « picassoïstes » et les « matissistes », selon l'expression de l'écrivain. Gertrude choisira Picasso ; son frère Michael et sa belle-sœur Sarah, Matisse. Au fil du temps, Leo prendra ses distances avec ce milieu, vendra une partie de sa collection à sa sœur et partira en 1914 pour Florence, avec quelques Cézanne, plusieurs Renoir mais aucun Picasso et fort peu de Matisse.

Avec Braque, rencontré au printemps 1907, Picasso forme un tandem de choc, décrit par le premier comme une « cordée ». En 1908, Braque retourne sur un lieu cézannien qui l'obsède, l'Estaque, près de Marseille. Il peint les paysages en appliquant la leçon du maître de « traiter la nature par le cylindre, la sphère, le cône » à tel point que ses toiles sont refusées par le Salon d'automne mais prises par une toute jeune galerie de la rue Vignon : celle de Daniel-Henry Kahnweiler. Matisse, qui est du comité, aurait parlé d'accumulation de cubes et serait ainsi le créateur, malgré lui, du mot « cubisme », relayé par l'incontournable critique Vauxcelles : dans le *Gil Blas* du 14 novembre 1908, il écrit que Braque « réduit tout, sites et figures et maisons à des schémas géométriques, à des cubes[211] ».

À partir de 1909, Picasso et Braque se voient quotidiennement, chez l'un ou chez l'autre. L'urgence les presse de partager les découvertes du jour, les progrès accomplis, les surprises. Ils comparent leurs toiles, discutent sans cesse. Le cubisme s'élabore à la fois dans la pratique, la théorie, l'analyse... et l'amitié, intense et stimulante. Dans cette période du Bateau-Lavoir, la plus heureuse de sa vie, confiera lui-même Picasso, il prend grand soin de ses amitiés, non seulement avec la bande espagnole mais aussi avec les Stein, Apollinaire, Jacob, Salmon et Braque. Il trouve ainsi une femme pour Derain, présente Braque à sa future épouse, Marcelle, et aurait fait de même pour Marie Laurencin et Apollinaire.

« Aux débuts du cubisme nous faisions des expériences, la quadrature du cercle était un terme qui excitait nos ambitions... Faire des tableaux était moins important que de découvrir sans cesse des choses[212]. » À ce premier cubisme cézannien succède ce que l'on a appelé le cubisme analytique. Multiplication des facettes en plans prismatiques de l'objet peint dans la tentative d'en saisir l'essence, approche plus conceptuelle que sensuelle ou psychologique, la forme gagne son autonomie, les couleurs sont essentiellement des gris, des camaïeux, des vert-de-gris, quelques ocres ternes. La couleur est volontairement minorée pour donner toute son importance à l'espace. Cette « matérialisation de l'espace nouveau » (Braque) nie l'illusion de la profondeur pour accentuer la planéité, ce qui n'est autre, au fond, que la réalité matérielle du tableau. La figure, par exemple, devient surtout un objet pictural, « le tableau ne dit sur les objets que ce qu'ils contiennent de forces plastiques[213] ».

« Aux débuts du cubisme nous faisions des expériences, la quadrature du cercle était un terme qui excitait nos ambitions... Faire des tableaux était moins important que de découvrir sans cesse des choses. »

Pablo Picasso

Picasso n'expose pratiquement pas. Braque, moins qu'avant. C'est dans l'atelier qu'ils montrent les toiles aux amis ou dans la galerie de Kahnweiler, rue Vignon. Ce dernier explique : « À cette époque, les gens se rendaient aux Indépendants pour se fâcher et pour rire. Il y avait des bandes de gens devant certains tableaux qui se tordaient ou qui poussaient des cris de fureur. Nous n'avions aucune envie de nous exposer ni à leur fureur ni à leur rire ; donc, nous ne montrions plus les tableaux[214]. »

Les ennemis se font plus nombreux, les amis et les alliés lâchent parfois en cours de route, tel Charles Morice, qui écrit dans *Le Mercure de France* en février 1909 : « J'ai toujours parlé de leurs tentatives, sinon avec une pleine sympathie, du moins avec tout le respect qu'exigent l'effort et la sincérité. Mais je ne puis pas ne pas voir que, dans les productions de tout un groupe nombreux, où MM. Derain et Braque sont remarqués, la figure humaine est tombée au rang de simple accessoire décoratif[215]. »

Le banquet en l'honneur du Douanier Rousseau

En novembre 1908, Picasso achète chez le père Soulié un *Portrait de femme* par le Douanier Rousseau pour la modique somme de 5 francs. Picasso aime sincèrement la peinture de Rousseau ; il décide de fêter dignement l'événement en rendant hommage au peintre naïf, qu'il n'aura pas peu contribué à mettre à la mode. Il sait qu'Apollinaire est un ami de Rousseau, aussi lui demande-t-il d'intervenir pour l'inviter et le convaincre de venir.

Parmi la trentaine d'invités figurent les Pichot, Manolo, les Fornerot, le sculpteur Augusto Aguero et sa femme, André Salmon, Maurice Cremnitz (connu également sous son nom de poète Maurice Chevrier), Maurice Raynal, Leo et Gertrude Stein, Alice Toklas (une amie américaine), Marie Laurencin, Georges Braque, Jacques Vaillant, Max Jacob (selon Fernande, mais selon d'autres il était absent, brouillé à ce moment-là avec Picasso) et quelques autres. L'atelier de Picasso est décoré pour l'occasion, feuillages, drapeaux et lampions. Une sorte de trône est érigé en hommage au Douanier. Une grande planche fait office de table et leur habituel restaurateur, Azon, prête des chaises, de la vaisselle et des couverts.

Un apéritif est prévu chez Fauvet, au bas de la rue Ravignan. Les tournées se succèdent et Marie Laurencin est déjà fort gaie. Les Stein et Alice Toklas font leur entrée lorsque Fernande s'écrie : « Félix Potin n'a pas livré le dîner ! » Que faire ? Les Américaines proposent de téléphoner mais en 1908 les téléphones sont rares à Paris et Fauvet, bien sûr, n'en possède pas. Alice Toklas et Fernande font la tournée des épiceries encore ouvertes et trouvent assez de provisions pour improviser un repas accompagnant le riz à la valencienne que Fernande a préparé.

La petite troupe monte au Bateau-Lavoir. Marie Laurencin, éméchée, s'appuie sur Gertrude Stein pour grimper l'abrupt raidillon. Apollinaire arrive enfin avec le

Le Douanier Rousseau
dans son atelier, en 1884.

Douanier Rousseau, tout timide, son violon sous le bras. Picasso fait les présentations. On mange, on boit. Beaucoup. À un moment, Rousseau glisse à Picasso cette phrase énigmatique restée célèbre : « Nous sommes toi et moi les deux plus grands peintres de l'époque, moi dans le style moderne, toi dans le style égyptien »... C'est sa manière de mettre des mots sur les étranges toiles qu'il découvre dans l'atelier de son hôte : *Les Demoiselles d'Avignon*, *Trois femmes* et quelques-unes parmi les premières œuvres cubistes.

Après le repas, Apollinaire déclame un long poème écrit l'après-midi même :

Nous sommes réunis pour célébrer ta gloire,
Ces vins qu'en ton honneur nous verse Picasso,
Buvons-les donc, puisque c'est l'heure de les boire
En criant tous en chœur : Vive ! Vive Rousseau !

Et le public de reprendre « Vive ! Vive Rousseau ! » André Salmon y va aussi d'un poème, suivi par Cremnitz qui chante un éloge sur l'air alors en vogue de *Bous-Bous-Mé de Maskara*. C'est alors que le Douanier s'empare de son violon et entame une polka, jouant, selon André Salmon, « moins bien qu'il ne peignait ». Il chante aussi, avec « beaucoup de cœur » et « d'âme » « plusieurs de ces touchantes niaiseries qui avaient, nous le savions étant habitués de ses soirées (...) toujours beaucoup de succès à Plaisance et qui, rue Ravignan, nous touchaient fort[216] ». Au programme : *Pan ! Pan ! Ouvrez-moi ; Léonor, mon amour brave*... notamment, ainsi que sa préférée, *Oh, là, là ! que j'ai mal aux dents.*

Sous l'effet du vin, Rousseau commence à somnoler. Jacques Vaillant hèle sur le boulevard de Clichy un fiacre ayant des lanternes aux couleurs (bleu et rouge) du dépôt de Plaisance, tout proche de la rue Perrel (aujourd'hui disparue) où réside l'artiste. Le Douanier s'en retourne rive gauche après que Picasso a déposé son violon sur ses genoux.

Si l'on en croit Salmon, c'est alors que la fête se déchaîne. Leo Stein, ivre, tente de voler le ruban du Mérite agricole à la boutonnière de Maurice Cremnitz. Celui-ci lui subtilise son calepin et, le parcourant, glisse à l'oreille d'André Salmon : « Dommage que tu ne lises pas couramment l'anglais, tu rigolerais[217]. » S'agissant des notes pour la future *Philosophie de l'art moderne*, le comique n'est pas certain... Les farces se succèdent. La fête dure tard dans la nuit.

Ce sera le dernier événement notable qui se produit au Bateau-Lavoir autour de Picasso. Grâce aux Stein et à Kahnweiler, ses tableaux commencent à se vendre et il éprouve le besoin de vivre plus confortablement. C'est ce qu'il fait en 1909, déménageant au 11, boulevard de Clichy (voir p. 21). Mais il conservera quelque temps un atelier ici.

Atelier de Kees Van Dongen (1906-1907)

Après avoir vécu dans le Maquis, au 95, rue Ordener puis au 10, impasse Girardon (voir p. 166 et 144), le peintre Kees Van Dongen, sa femme Guus et leur fille Dolly, âgée de quelques mois, s'installent ici en 1906, dans le premier atelier à gauche en entrant par la porte du n° 13. Le local est petit mais la fenêtre donne sur la place Ravignan (aujourd'hui Émile-Goudeau). Le couple n'est pas en terrain inconnu. Depuis plusieurs mois déjà, Van Dongen fréquente le lieu et ses occupants. Il noue des liens d'amitié avec Picasso, qu'il accompagne souvent au cirque Medrano, ainsi qu'avec les poètes Max Jacob, André Salmon, Mac Orlan. À cause de ses fréquentations et de ses convictions politiques, Picasso le surnomme « le Kropotkine du Bateau-Lavoir ».

Malgré l'exiguïté de l'espace, les Van Dongen reçoivent largement : le couple Pablo-Fernande, bien sûr, mais aussi les fauves : Camoin, Derain, Matisse, Vlaminck. Fer-

nande devient le modèle de Kees : il fera d'elle de très beaux portraits.

Van Dongen ne reste qu'un an dans cette centrale de la création. Sa femme étant malade, il la ramène avec sa fille chez ses parents. Il reste en Hollande le temps de rassembler les toiles de Van Gogh puis revient à Paris. Mais il quitte le quartier, sans doute pour la rue Montholon puis la rue Saulnier. Bientôt ce sera Montparnasse, ses fastes, ses fêtes... et la gloire et la richesse pour celui qui avait été si pauvre.

André Salmon à la terrasse d'un café, vers 1920.
© Albert Harlingue/Roger-Viollet

Chez André Salmon (1907-1909)

En 1907, André Salmon n'est pas encore le journaliste et chroniqueur de la vie artistique de l'époque. Il a démissionné de la banque où il travaillait pour se consacrer à la poésie, au théâtre, à l'écriture de chansons (avec Mac Orlan, rencontré au Lapin Agile). Il assiste Paul Fort pour sa célèbre revue *Vers et Prose*, publiée à

Montparnasse. Il a déjà rencontré Apollinaire à Saint-Michel, lequel s'en souvient ainsi :

Nous nous sommes rencontrés dans un caveau maudit
Au temps de notre jeunesse
Fumant tous deux mal vêtus attendant l'aube
Épris épris des mêmes paroles dont il faudra changer le sens[218]

C'est probablement en 1905 qu'il fait la connaissance de Picasso au Bateau-Lavoir, présenté par leur ami commun Manolo. Le lendemain, toujours au Bateau-Lavoir, il rencontre Max Jacob, comme le veut Picasso. Les deux poètes ne se sont jamais vus, mais se reconnaissent pourtant immédiatement en se croisant dans les coursives du Bateau. Comme avec Picasso, naît sur-le-champ une longue amitié.

Désireux de se rapprocher de ses nouveaux amis et, comme tout le monde ou presque, fasciné par Picasso, il s'installe en 1907 au 36, rue Saint-Vincent puis, dès qu'un atelier se libère, il intègre le Bateau-Lavoir, en 1907 ou 1908. De toute manière, qu'il y vive ou non, Salmon est un habitué du Bateau, ami de plusieurs de ses occupants, notamment de Pablo dont il suit avec un intérêt mêlé d'étonnement la progression du tableau révolutionnaire, hors norme, que Picasso appelle son *Bordel* et que Salmon rebaptisera *Les Demoiselles d'Avignon*.

Les Éditions Vers et Prose publient son second recueil, *Les Féeries*, dans lequel il « affirme allègrement les droits du poète à mêler le réel et l'imaginaire. Les pitoyables héros de la vie quotidienne, filles et marlous, voisinent avec des figures exotiques, clowns, écuyères, tsiganes, rois nègres, ou avec des personnages venus de l'œuvre de François Villon, de Goethe ou de Dostoïevski[219] ».

Mais André Salmon tombe amoureux de Jeanne Blazy-Escarpette et décide alors de vivre dans des conditions moins incertaines. Il travaille successivement pour *L'Intransigeant*, *Le Soleil*, *Montjoie !* et d'autres journaux, entamant ainsi une longue carrière journalistique comme chroniqueur, échotier et surtout comme critique d'art. Le 13 juillet 1909, il épouse Jeanne à l'église Saint-Merri. Apollinaire, témoin du marié, récite un joli poème écrit pour l'occasion : « On a pavoisé Paris parce que mon ami André Salmon s'y marie ».

Réjouissons-nous parce que le directeur du feu et des poètes
L'amour qui emplit ainsi que la lumière
Tout le solide espace entre les étoiles et les planètes
L'amour veut qu'aujourd'hui mon ami André Salmon se marie[220]

Salmon s'en va dans le 7e arrondissement puis à Montparnasse mais n'oublie pas ses amis, avec lesquels il demeure très lié. Outre ses admirables *Souvenirs sans fin*, il raconte l'année 1907 qu'il a vécue à Montmartre dans un roman à clef paru en 1920, *La Négresse du Sacré-Cœur*[221].

Pierre Reverdy, vers 1910.

Chez Pierre Reverdy (1912-1913)

Quittant le 7, rue Ravignan (voir p. 173), le poète Pierre Reverdy grimpe un peu plus haut pour s'installer au Bateau-Lavoir, le 1er avril 1912. Son atelier est en face de celui de Juan Gris, c'est-à-dire à droite en entrant par la porte du n° 13. Il travaille alors comme correcteur d'imprimerie aux Annales, rue Falguière. Son emploi n'est pas uniquement alimentaire, qui lui permet aussi d'imprimer ses poèmes.

Il ne reste pas longtemps au Bateau-Lavoir, puisque le 15 février 1913, il part un peu plus loin, rue Cortot.

Atelier de Juan Gris (1906-1922)

Après des études à l'Escuela de Artes y Manufecturas de Madrid, José Victoriano González arrive à Paris en 1906. Attiré par le rayonnement de son compatriote Picasso, il s'installe au Bateau-Lavoir. Son atelier est le premier à gauche en entrant, avec la fenêtre qui donne sur la place. Kahnweiler le voit travailler lorsqu'il va chez Picasso. Comme en Espagne, Juan Gris collabore à divers périodiques (*L'Assiette au beurre, Le Charivari, Le Cri de Paris*), ce qui lui permet de subsister, mais dans la précarité et la crainte qu'on lui refuse un dessin. Les témoignages confirment que l'atelier de Gris était encore plus miséreux que celui de Picasso. Kahnweiler remarque : « Une telle existence actuellement ne serait même pas possible ; elle ne l'était alors que grâce à une certaine douceur de vie qui rendait moins féroces, plus enclins à faire confiance à un jeune artiste, propriétaires, épiciers, marchands de vin, marchands de couleurs. Sur les murs de l'atelier de Gris se dressaient de hautes colonnes de chiffres, griffonnées au fusain : c'étaient les dettes à l'épicerie qui s'allongeaient parfois. Quand il s'agissait de payer, il fallait l'intervention de Reverdy pour faire l'addition[222]. »

Il fréquente la bande du Bateau-Lavoir, bien sûr : Picasso, Apollinaire, Max Jacob, André Salmon et les autres. Son fils, Georges, naît en 1909. Chez lui, il travaille à son œuvre :

d'abord des dessins et des aquarelles, puis l'huile, s'imprégnant du cubisme ambiant. Il ne montre aucun de ses tableaux avant quatre ans. En 1911, Clovis Sagot lui en achète quelques-uns ; Gris renonce alors aux illustrations pour les périodiques.

En tout début d'année 1912, il fait le portrait de Picasso. En mars, il expose au Salon des indépendants et le mois suivant à Barcelone. À l'automne, c'est à la Section d'or, rue La Boétie, où figurent la plupart des « suiveurs » du cubisme, hormis Braque et Picasso, bien sûr. Kahnweiler s'intéresse à lui et propose de lui acheter toute sa production. Dorénavant, il est exposé rue Vignon, comme Braque ou Picasso, et cesse de courir les Salons. Hermann Rupf lui achète son premier tableau ; il sera suivi par Gertrude Stein – qui s'entichera véritablement de son œuvre, et pour longtemps – et Léonce Rosenberg, parmi d'autres. Sa nouvelle compagne, Josette, vient s'installer avec lui. Gris commence à vivre plus à son aise, s'autorisant par exemple à quitter Paris pour aller à Céret en vacances.

Braque et Picasso inventent le collage. Gris suit le mouvement. Il part à Collioure où il fraternise avec Matisse et Marquet. Mais la guerre éclate et Kahnweiler, de nationalité allemande, ne peut rentrer en France ; il séjourne d'abord en Italie puis en Suisse, à Berne, où il passera la guerre. Lorsque Juan et Josette rentrent à Paris, fin octobre, privés de leur marchand, ils renouent avec la précarité. Kahnweiler, à distance, ne peut s'occuper de ses artistes et, de toute façon, le contrat avec Gris arrive à son terme. Comme pour d'autres, Picasso notamment, Léonce Rosenberg tente alors d'acheter des tableaux directement à Gris. Il paraphera l'année suivante un contrat avec l'artiste, s'adjugeant sa production à partir du printemps 1915[223]. Juan illustre les *Poèmes en prose* de Reverdy. Avec Josette, ils partent quelques mois à Loches mais reviennent à Paris à l'automne.

Juan Gris en 1926.
© Ullstein Bild/Roger-Viollet

En 1917, Gris se lie d'amitié avec Lipchitz. Il évite pourtant, dans la mesure du possible, d'aller à Montparnasse où vit le sculpteur pour rester dans sa domesticité studieuse de Montmartre. Après la guerre, en avril 1919, il expose une cinquantaine de toiles chez Rosenberg. Il commence ensuite une série d'arlequins. Au mois d'août, de Suisse, Kahnweiler reprend contact en vue de conclure un nouveau contrat d'exclusivité. En début d'année 1920, Juan Gris expose à la Section d'or parisienne puis à Genève, galerie Moos, et enfin aux Indépendants de Paris. Le 31 janvier, après le vernissage, Gris écrit à Kahnweiler : « Le Salon des indépendants a ouvert avec un certain succès pour les cubistes, que toute la presse ou presque prend au sérieux. Même M. Vauxcelles avoue ses torts envers nous. Braque et Léger ont eu du succès car ils se sont pas mal débrouillés pour cela. Pour Metzinger c'est presque une réhabilitation, quoique son envoi ne soit pas extraordinaire, et de moi, on parle le moins possible parce que je suis étranger[224]. » Gris croit que Braque manœuvre contre lui. Les premiers symptômes de sa maladie apparaissent et il est hospitalisé. En septembre, Kahnweiler, de retour à Paris, ouvre sa nouvelle galerie Simon, rue d'Astorg à Paris.

Le couple part pour Bandol. Juan Gris, qui s'est remis à peindre, entame sa période dite « poétique », et illustre un livre de Max Jacob. Lui-même écrit un très bref texte sur l'art nègre en 1920. Quelques autres suivront, sur son travail ou en réponse à des commandes. Le 13 et 14 juin 1921, débutent chez Drouot les ventes aux enchères des œuvres appartenant à Kahnweiler qui ont été séquestrées comme « biens allemands », longue série qui durera jusqu'en 1923. C'est un bon révélateur de la cote de Gris, nettement inférieure à celles de Picasso, Derain, Vlaminck, Léger ou de Van Dongen…

En avril 1922, Juan et Josette quittent le Bateau-Lavoir pour s'installer à Boulogne-sur-Seine.

> ***« Le Salon des indépendants a ouvert avec un certain succès pour les cubistes, que toute la presse ou presque prend au sérieux. Même M. Vauxcelles avoue ses torts envers nous. »***
>
> **Juan Gris**

22 Rue des Saules

Au Lapin Agile

Carte 40

1795. La Terreur est terminée depuis peu lorsque les époux Monroy (drôle de nom en cette époque révolutionnaire !) achètent un terrain sur la Butte, au pied des vignes et en lisière du cimetière Saint-Vincent. Trente ans plus tard, en 1825 – année qui voit le sacre de Charles X –, le couple y fait construire une maison. Selon certaines sources, elle sera transformée en auberge de routiers appelée Au Rendez-vous des Voleurs. Par référence aux voyous qui fréquentent la Butte ? Qui sait… C'est

Au Lapin Agile, vers 1905 : Poulbot, Dufy, Barrère, Neumont et Roubille écoutant le père Frédé à la guitare.

encore la campagne ici et le champêtre le dispute au sordide : les rues sont peu sûres, théâtre d'amours clandestines et de crimes crapuleux. L'auberge deviendra, en 1869 et sous l'égide du couple Salz, le Cabaret des Assassins. Drôle de nom, là encore, pour un lieu où l'on chante et où l'on boit, mais on peut penser qu'il fait référence à l'affaire Troppmann (massacre d'une famille nombreuse dans la plaine de Pantin) dont l'atrocité fascine et excite l'imagination populaire. Aux murs sont accrochés des gravures et des tableaux de crimes et de criminels réputés : Ravaillac, Charlotte Corday, Lacenaire, Papavoine le Sanguinaire et, bien sûr, Troppmann dans ses œuvres. Ce dernier tableau a appartenu à Courteline et se trouve aujourd'hui au musée de Montmartre.

André Gill[225] peint en 1875 une enseigne dont il ne pouvait alors supposer le rayonnement. Un lapin, bardé de rouge, sort en bondissant d'une casserole en cuivre, tenant en équilibre une bouteille de vin. Le « Lapin à Gill » se transforme en « Lapin Agile », surnom qui deviendra le véritable nom de l'établissement[226]. Le chansonnier Jules Jouy y crée en 1883 un banquet qu'il appelle « La Soupe et le Bœuf », accueillant chaque semaine les amis du Chat Noir, peintres, poètes, chansonniers, parmi lesquels Victor Meusy qui écrit une chanson intitulée *Le Cabaret des Assassins*, vouée à devenir l'hymne de la maison.

Puis une ancienne danseuse de cancan, Adèle Ducerf, prend la direc-

Au Lapin Agile, vers 1872.
© DR

tion du cabaret en 1886. Elle mise sur la qualité de la nourriture et l'ambiance plutôt familiale. Fini le repaire des truands, des maquereaux et autres loubards. Le succès est au rendez-vous. Si, au bas de la Butte, c'est le Chat Noir qui fait le plein, en haut, c'est ce café, qui fait restaurant-concert les samedis soir et dimanches midi. Il y a du beau monde : Verlaine, Villiers de L'Isle-Adam, Clemenceau, le duc de Morny, Lesseps, Joffre... Mais aussi la bande du Chat Noir : Allais, Cros, Steinlen, Forain, Caran d'Ache, Willette, Rollinat et d'autres étaient des habitués. Une légende veut qu'Arthur Rimbaud « s'y rendit directement pour s'endormir sur un banc[227] ».

En 1902, Adèle Ducerf quitte le Lapin pour aller deux pas plus loin créer le Vieux Chalet (voir p. 163). Le Lapin est repris par Berthe Serbource, dont le nom ne convient pas à la personnalité généreuse : les affamés se retrouvaient avec un casse-croûte dans la poche sans avoir rien demandé ou étaient nourris sur place sans qu'on leur présente l'addition. En plus de son hospitalité et de sa chaleur humaine, Berthe est bonne cuisinière. Sa fille Margot l'aide à la tâche ainsi qu'une serveuse, Lolotte.

Elles sont rejointes l'année suivante par Frédéric Gérard, *alias* Frédé, le compagnon de Berthe. Plus qu'un personnage, Frédé est une véritable légende de la Butte. Né en 1860 à Gagny, en Seine-Saint-Denis, il quitte sa famille à l'adolescence pour venir à Montmartre, attiré par la réputation du lieu. Il tient un débit de boissons au 28, rue Ravignan, Le Zut, qui accueille au tout début du siècle toute une faune, souvent libertaire, dont la bande à Picasso. Le jour, il sillonne les rues sinueuses de la Butte en proposant aux riverains les poissons que porte son âne Lolo. Cet animal est aussi une figure de Montmartre, inséparable de son propriétaire, l'accompagnant partout, même par la suite à l'intérieur du Bateau-Lavoir, dans l'atelier de Picasso notamment, où on lui donnait du tabac dont il était friand et qu'il chiquait à sa manière.

Frédé aime les animaux et se déplace ordinairement avec sa chèvre Blanchette, son chien, des souris blanches, un singe nommé Théodule et un corbeau peint par Picasso avec Margot dans *La Femme à la corneille* (1904). Il est petit, trapu et porte une barbe touffue et broussailleuse. Vêtu de velours, il est coiffé d'un bonnet de fourrure ou d'un foulard rouge et chaussé de bottes ou de sabots. Il joue de la guitare, du violoncelle (certains disent aussi de la clarinette) et chante. Très chaleureux, il

tutoie tout le monde et sait mettre les nouveaux venus à l'aise.

Lorsqu'il fait beau, on consomme l'après-midi, en terrasse. Sinon, au bar à l'entrée. Lolotte sert la « combine », curieux mélange d'absinthe (Pernod), de guignolet et de grenadine, ou alors la fameuse cerise à l'eau-de-vie que l'on propose encore aujourd'hui. Hormis le samedi soir et le dimanche après-midi, qui attirent un plus vaste public, les soirées ne sont pas très organisées. Généralement, c'est Frédé lui-même qui ouvre la fête en lançant : « Maintenant, on va faire un peu d'art » et, accompagné de sa guitare, il chante des chansons réalistes ou sentimentales. Le répertoire va de Villon à Bruant, en passant par Jean-Baptiste Clément et Ronsard. *Stances à Cassandre, Plaisir d'amour, Le Temps des cerises*... Notre trappeur chansonnier sait aussi chanter les chansons à boire (*Au 31 du mois d'août* et *La Femme du roulier*, par exemple).

Frédé, Henri Jonquières, Chas Laborde et Pierre Mac Orlan au Lapin Agile, en 1927.

Puis, d'autres se lèvent ou sont invités à le faire. À chanter, à déclamer. En 1902, un garçon maigre assis à la table de Dorgelès se lève et se met à réciter Villon et Baudelaire. « Son physique ne le servait guère – dos rond, figure grimaçante, petits yeux aux regards pointus –, cependant il exerçait un étrange pouvoir et, à la seconde, le boucan s'apaisait. Jamais je n'ai entendu réciter *Une charogne* ou *Les Regrets de la Belle Heaulmière* avec cette sombre ardeur. Il ne déclamait pas, il gémissait, hurlait, soupirait, donnant un peu de sa vie à chaque vers. Souvent il terminait par des poèmes infernaux de Rollinat qui le faisaient entrer en transe. Il secouait ses cheveux, roulait ses yeux de délire, écumait, s'étranglait, puis, dans un dernier râle, se rasseyait épuisé[228]. » Incapable de faire la quête : c'est un camarade qui s'en occupe. Cet homme, c'est Charles Dullin. Crevant de faim, habité par un feu intérieur, il donnait tout. Un soir d'orage, entre un homme pris par surprise par la pluie. Il écoute, subjugué, cet acteur illuminé. Après son numéro, il va le voir et lui demande de passer le lendemain au théâtre des Arts. Il en est le directeur, Robert d'Humières. Dullin est engagé et sa carrière lancée.

Un autre soir, c'est un monsieur fort bien habillé, veston noir, cravate et bottines vernies, qui apparaît. Francis Carco commence son numéro. Il emprunte la guitare de Frédé, grimpe sur une table et chante une chanson marseillaise. Avec l'accent : il est d'origine corse et a vécu à Nice. Il a du charisme et des gestes professionnels : le futur écrivain est adopté par la bande. C'est sur la terrasse qu'il écrit ses premiers poèmes, publiés plus tard dans *La Bohème et mon cœur* (1912).

Pierre Mac Orlan a découvert la Butte en 1899 et, dans la foulée, le Lapin Agile. Il y rencontrera Marguerite, la fille de Berthe, qu'il épousera en 1912. Les témoins sont Carco, Dorgelès et Warnod, la famille de la Butte et du Lapin. Son roman le plus célèbre, *Le Quai des brumes*, paru en 1927, porte sur cette Butte malfamée, et plus exactement sur le Lapin Agile qui devient, plus qu'un décor, un personnage du livre. Les spectateurs du film éponyme ignorent évidemment

> **« *[Dullin] ne déclamait pas, il gémissait, hurlait, soupirait, donnant un peu de sa vie à chaque vers. […] Il secouait ses cheveux, roulait ses yeux de délire, écumait, s'étranglait, puis, dans un dernier râle, se rasseyait épuisé.* »**
> **Roland Dorgelès**

que ça n'est pas au Havre que se situe l'action mais bien ici. Dans son « prière d'insérer », Mac Orlan écrit : « C'est une tentative, sous diverses formes, qui tâche de refléter l'inquiétude européenne depuis 1910 jusqu'à nos jours. Dans *Le Quai des brumes*, l'auteur place ses personnages à travers une nuit qui est celle d'un carrefour où quelques types représentatifs de la misère sociale, avant la guerre, évoluent dans le mystère de l'aventure intérieure. Une femme survit au désastre de quatre petites existences : celle de Jean Rabe, celle du soldat, celle du peintre et celle du boucher[229]. » Mac Orlan ne décrit pas la bohème, qu'il dit n'avoir pas connue, mais la faim et le désespoir. En s'intéressant aux petites gens, en refusant l'esthétique romanesque alors en cours, il ouvre la voie dans laquelle s'engouffre un certain Céline : « Et Mac Orlan ? Il

Louis Marcoussis, *Roland Dorgelès*, vers 1900.

avait déjà tout vu, tout compris, tout inventé[230]. »

L'humoriste Jules Depaquit habite au premier. Il interprète un numéro qui remporte un franc succès : le songe d'*Athalie* scandé « sur l'air de la *Mère Michel*, en dansant la polka avec son parapluie[231] ». Dorgelès affirme[232] que Fernande, après sa séparation d'avec Picasso, est venue ici réciter de la poésie (Baudelaire, Vigny). Jehan-Rictus lit ses œuvres. On y voit aussi André Salmon, Pierre Reverdy, Max Jacob et Guillaume Apollinaire qui, s'ils s'amusent beaucoup, refusent toutefois de lire leurs poèmes. Pourtant, Mac Orlan se souvient d'avoir entendu Apollinaire, un soir de tempête de neige, réciter quelques poèmes qui figureront, une

décennie plus tard, dans le volume d'*Alcools*. Il y voit aussi Paul Fort et « son gracieux cortège de filles, ses jolies pages qui le suivaient[233] ». Élu « prince des poètes » en 1912, il devient l'année suivante le beau-père de Gino Severini, mené ici par Modigliani. Severini fait entrer ses amis futuristes : Marinetti, Boccioni, Carrà et les autres. Les fauves fréquentent aussi le Lapin : Derain, Dufy, Van Dongen, exceptionnellement Vlaminck, qui n'aime guère la vie montmartroise.

L'âne du Lapin Agile peignant pour le Salon des indépendants un tableau « excessiviste », signé Boronali, anagramme d'Aliboron, en avril 1910. À gauche, masqué, Roland Dorgelès qui lança la supercherie ; à droite, le père Frédé.
© Roger-Viollet

Les soirées au Lapin, dans la lignée du Zut et de certains autres hauts lieux de la Butte, sont souvent fort animées. Pas seulement par les rires et les chants. Il arrive que les gouapes de la Goutte-d'Or, de Château-Rouge voire de Belleville viennent chercher noise sur les sommets, s'en prenant aux bohèmes chevelus. Les rues sont peu sûres et ils investissent volontiers des lieux paisibles comme le Lapin, où ils sont éconduits par Frédé lui-même, aussi petit de taille que costaud et entraîné au maniement des armes. Mais la détermination des voyous ne fléchit pas ; Victor, l'un des fils de Frédé, est ainsi abattu à bout portant et Lolotte blessée. Une trace de balle existe encore au-dessus de la caisse, à l'entrée[234].

L'écrivain Roland Dorgelès aime bien la peinture mais son goût ne le porte pas vers l'avant-garde. À l'époque où cubisme et futurisme font de nombreux adeptes chez les artistes mais plus encore de virulents sceptiques, Dorgelès a choisi son camp : il fait le scandale dans les vernissages, « protestant, ricanant, tapant du pied, ameutant les badauds[235] ». Un soir, il apostrophe Apollinaire, ardent défenseur du cubisme, en lui annonçant que l'assassin d'une femme coupée en morceaux a été retrouvé : il s'agit d'Archipenko... Puis, prenant le poète et critique à part, il lui demande « s'il commanderait à Picasso le portrait de sa mère sur son lit de mort. Mais Guillaume opposait à mes blagues un regard olympien et me reprochait de n'aimer que la peinture de singe. De singe, peut-être pas, mais il brûlait[236]... ».

Ce n'est pas sur un singe mais sur un âne, qui n'est autre que Lolo, la mascotte du Lapin, que Dorgelès jette son dévolu. Avec André Warnod, il entreprend en ce sens Frédé qui, après quelques hésitations, finit par se laisser convaincre : il prêtera son âne et sa terrasse. Dorgelès s'offre les services d'un huissier, M. Brionne, qui fera son rapport. Enfin, tout est prêt sur la terrasse du Lapin : une toile blanche, Lolo, le matériel de peinture sur la table et les complices autour. Warnod attache à la queue de l'âne un pinceau enduit de peinture bleue et Dorgelès approche la toile. On donne une carotte à l'animal qui bouge la queue et entame ainsi son tableau. Puis on change le pinceau, imbibé cette fois de rouge. L'animal faiblit-il ? On lui redonne des carottes, des choux, des épinards, du céleri, des navets et autres légumes, un vrai festin. L'auteur du canular se contente de déplacer la toile afin d'en répartir la couleur. L'huissier note, le photographe saisit la scène, les voisins et les habitués s'approchent. Parmi eux, la chanteuse Coccinelle, le peintre Girieud et l'humoriste Genty. Le tableau fini, il faut encore trouver un titre à cette œuvre quelque peu abstraite. Les suggestions pleuvent : un portrait, un sous-bois, un clair de lune… Mais Dorgelès tranche : ce sera *Et le soleil s'endormit sur l'Adriatique*. L'huissier s'amuse bien et paie sa tournée.

Le tableau est envoyé au Salon des indépendants. Dorgelès a pris soin d'accompagner son envoi d'un manifeste flamboyant fondateur d'un nouveau mouvement, l'« excessivisme », où il affirme : « L'excès en art est une force. Le soleil n'est jamais trop ardent, le ciel trop vert, la mer trop rouge. Place au génie de l'éblouissement[237] ! » Signé Boronali, anagramme d'Aliboron, l'âne de la fable. Selon les versions, le tableau est plus ou moins remarqué. Il ne passe en tout cas pas inaperçu et se trouve recensé dans la presse avec des appréciations diverses. Mais le canular a fonctionné et Dorgelès peut aller voir le rédacteur en chef du *Matin* et le mettre au parfum. Stupéfait, mais ravi de l'aubaine, celui-ci publie les révélations, les photographies et le constat. Gros titre : « Un âne chef d'école[238] ». L'histoire fait grand bruit, le numéro s'arrache ainsi que celui du *Fortunio* où Dorgelès publie l'histoire avec les détails. Au Salon, les gens se pressent, réclament « le tableau peint par un âne ». Ils ne savent pas toujours le reconnaître parmi les toiles des plus grands : Signac, Vuillard, Denis, Matisse, Rouault, Van Dongen, Vlaminck ou le Douanier Rousseau…

> ***« L'excès en art est une force. Le soleil n'est jamais trop ardent, le ciel trop vert, la mer trop rouge. Place au génie de l'éblouissement ! »***
>
> **Roland Dorgelès**

La farce de Dorgelès, « artistiquement réactionnaire », relève d'un esprit que l'on qualifie de montmartrois, frondeur et insolent. Il s'oppose souvent, comme c'est ici le cas, à l'innovation en art ou dans la poésie. La Butte n'est pas unie : les bohèmes sont souvent mal vus et les artistes encore plus. La bande à Picasso ne se fait pas que des amis et, si elle trouve des alliés parmi certains bistrotiers ou marchands de couleurs, elle a aussi un certain nombre d'ennemis.

Frédé a donné son accord pour cette mise en scène et pourtant il aime bien Picasso et ses amis. Le peintre, s'il n'est pas un assidu des soirées du Lapin, est au moins un client régulier qu'il connaît depuis l'époque héroïque du Zut et qu'il accueille par un « Ah, te v'là, toi ! » familier. En 1905, Picasso peint d'ailleurs une toile, intitulée *Au Lapin Agile*, dans laquelle on voit Frédé à l'arrière-plan, en sabots et coiffe de trappeur, gratter sa guitare. Au premier plan figure Picasso en Arlequin, songeur, mélancolique, se détournant d'une femme à son côté, vue de profil : il s'agit de Germaine, la femme pour laquelle Casagemas s'est suicidé en février 1901[239]. Picasso a accroché son tableau, sans cadre, auprès du grand Christ en plâtre de Wesley[240]. Le maître de ballet suédois, Rolf de Maré, veut absolument l'acquérir et insiste lourdement auprès de Frédé qui finit par céder et le lui vend, en 1912, pour une somme dérisoire[241]. Picasso lâche : « Tu as vendu trop tôt. » Frédé lui répond qu'il a des factures à payer. « Alors ça se comprend », approuve l'artiste. Le tableau s'est toutefois vendu 40,7 millions de dollars en 1989 à New York.

Aristide Bruant vient souvent en voisin (il a notamment vécu rue Cortot, rue Saint-Vincent et dans cette même rue des Saules). Le Lapin, il le fréquente depuis 1880, où il croise Steinlen, André Gill, Renoir, Forain, Clemenceau et sans doute Van Gogh. Un jour de 1913[242], apprenant que les sœurs Clermont, propriétaires du lieu, ont l'intention de le vendre, il décide reprendre l'affaire. C'est chose faite le 15 mars 1913. Il en confie la gérance à Frédé et vendra le fonds neuf ans plus tard à un des fils de celui-ci, Paul. L'aventure continue. L'esprit de Montmartre souffle encore et c'est ici, en 1920 et sous l'égide du dessinateur Joe Bridge, qu'est décidée la création de la Commune libre de Montmartre. Le cabaret se professionnalise, proposant un programme quotidien. Désormais, la fréquentation dépasse le cercle des habitués et les touristes se pressent. Le Lapin devient le « conservatoire de la bonne chanson », entre mémoire, folklore et découverte de nouveaux talents, avec Rina Ketty, Yvonne Darle, Pierre Brasseur, Alexandre Lagoya, Georges Brassens, Zamfir ou Claude Nougaro, qui reçoit ici même la médaille de chevalier de l'Ordre national du Mérite.

10 Rue Simon-Dereure

Atelier de Georges Braque (1914-1925)

Carte 41

Le peintre Georges Braque et sa femme Marcelle arrivent en mai 1914. Alice Halicka, femme de Marcoussis, ami de longue date de Braque, se souvient d'un « petit appartement, très petit-bourgeois, il aimait beaucoup ce style-là, avec des petits rideaux roses aux fenêtres, une machine à coudre qu'utilisait sa femme[243] ». Marcoussis, qui vit au 61, rue Caulaincourt et travaille rue Hégésippe-Moreau, est pour ainsi dire leur voisin.

Braque profite peu de sa nouvelle demeure puisqu'il part à vélo fin juin, direction Sorgues, faisant étape à Sens, Autun, Dijon, Mâcon, Lyon – où il va voir les Picasso exposés au musée des Beaux-Arts –, Loriol, Courthézon pour arriver vraisemblablement à Sorgues le 5 juillet. Il voit souvent Picasso et Derain, loue une maison dans laquelle l'atelier ne sera prêt que le 25 juillet. Mais il a à peine le temps de se mettre au travail : le 2 août, c'est la mobilisation générale. On connaît l'étrange remarque de Picasso : « Le 2 août 1914, j'ai conduit Braque et Derain à la gare d'Avignon. Je ne les ai jamais revus[244]. » Même s'il est vrai que plus rien ne sera jamais pareil...

> ***« Petit appartement, très petit-bourgeois, [Braque] aimait beaucoup ce style-là, avec des petits rideaux roses aux fenêtres, une machine à coudre qu'utilisait sa femme... »***
> **Alice Halicka**

Braque part d'abord pour Lyon, comme sergent au 329e régiment d'infanterie. Ensuite pour le front, le 14 novembre, dans la Somme puis Maricourt, le 17 décembre. Vaillant soldat, il est cité deux fois et devient sous-lieutenant. Le 15 janvier 1915, il est affecté au 224e régiment d'infanterie. En mai, il est engagé dans la bataille de l'Artois. Le 11 mai, à Neuville-Saint-Vaast, il reçoit un éclat d'obus en pleine tête. Pendant deux jours, il reste dans le coma. Et demeure aveugle quelque temps. Sa femme Marcelle et Picasso viennent le voir. Braque est décoré de la Croix de guerre.

Sa convalescence est lente. Il passe beaucoup de temps à Sorgues. Un banquet pour le réveillon de 1917 est donné en l'honneur d'Apollinaire, avenue du Maine ; le 14 janvier, c'est au tour de Braque d'être fêté, cette fois dans l'atelier de Marie Vassilieff, toujours à Montparnasse. L'artiste partage son temps entre Paris, Le Havre, Sorgues et Marseille.

En 1919, la galerie de l'Effort moderne organise la seconde exposition personnelle de Braque. S'y trouvent de nombreuses natures mortes, « considérées comme l'aboutissement du cubisme synthétique[245] ». Cendrars salue l'exposition : « Chaque toile de M. Braque est à la fois un discours, un panégyrique et une oraison[246]. » Les toiles se vendent très bien, l'exposition est un succès. L'année suivante, Braque renouvelle son contrat avec Léonce Rosenberg. Une première monographie sur lui paraît. Il reçoit dans la revue *L'Esprit nouveau* les éloges d'Ozenfant et de Le Corbusier. C'est le succès, presque la gloire. Par les soins d'Henri-Pierre Roché, il a rencontré le musicien Érik Satie, avec qui se noue vite une forte amitié. On sait Braque passionné de musique, musicien lui-même, amateur mais doué. Satie et lui dînent ensemble régulièrement, se retrouvent parfois le dimanche chez Kahnweiler, enfin rentré de Suisse où la guerre l'avait contraint à résidence. L'année suivante, la galerie Simon édite *Le Piège de Méduse*, comédie lyrique de Satie illustrée par Braque. C'est cette même année qu'a lieu la vente des biens de Kahnweiler, sujet allemand, saisis par l'État français durant la guerre. Le galeriste ne peut les récupérer et doit user de subterfuges en faisant acheter certaines de ses œuvres par des amis. Léonce Rosenberg, l'actuel marchand de Braque, est l'un des experts de ces ventes. Il cote très bas les toiles de Braque, qui s'emporte et le frappe. L'écrivain André Breton acquiert, pour sa part, au moins sept pièces de l'artiste.

La passion musicale de Braque s'étend aux ballets : en 1923, il dessine pour Diaghilev les costumes et les décors des *Fâcheux*, qui seront créés l'année suivante à Monaco. Braque change de marchand en donnant mandat au frère de Léonce, Paul Rosenberg, qui lui organise une exposition personnelle dans sa galerie en mai 1924.

En 1925, charmé par les calmes abords du parc Montsouris, Braque quitte la butte Montmartre pour s'installer dans une vaste maison construite par l'architecte Auguste Perret, celui-là même qui reconstruira après-guerre Le Havre, ville où a grandi le peintre.

9 Rue du Square-Carpeaux

Chez Marcel Aymé (1930-1933 ou 1934)

Carte 42

Le 5 mai 1930, Marcel Aymé emménage au huitième étage de cet immeuble neuf. C'est un petit logement, une pièce avec salle de bain, mais qui bénéficie d'une vue admirable sur la tour Eiffel. Il vit ici avec Marie-Antoinette, qu'il a rencontrée à Dole, dans le Jura. Elle est mariée et a une petite fille, Colette... Marcel l'épouse pourtant dès l'année suivante, le 16 avril 1931, à la mairie du 18e arrondissement.

Il a déjà écrit *Brûlebois*, *Les Jumeaux du diable* et *La Table aux crevés*, qui a remporté le prix Renaudot en 1929 (celui que remportera trois ans plus

tard son ami Céline pour *Voyage au bout de la nuit*, en consolation du Goncourt raté). Il corrige les épreuves de *La Rue sans nom*, qui sort à la fin du mois de mai. Il écrit des scénarios de films, de nombreuses nouvelles, le roman *Le Vaurien* (Gallimard, 1931). Louis Jouvet lui refuse sa pièce *Lucienne et le boucher*, leçon de modestie semble-t-il pour notre auteur. Qui publie en 1932 un recueil de nouvelles, *Le Puits aux images*. Écrivain prolifique, il compose de très nombreuses nouvelles dans divers journaux et revues, *Marianne* et *Gringoire* notamment. En 1933, paraît son roman *La Jument verte*, chez Gallimard. Il en choquera plusieurs par son ton libre, notamment sur la sexualité, et se verra même traité de pornographe, ce qui l'amusera bien.

Selon les sources, il quitte cet appartement courant 1933 ou début 1934 pour le 9 ter, rue Paul-Féval (voir p. 168).

10 Rue Tholozé

Studio 28

Carte 43

Le chiffre ne désigne pas le numéro dans la rue mais l'année de la création de cette salle, orientée vers la promotion du cinéma d'avant-garde, par Jean-Placide Mauclaire. Aux murs, des tableaux, essentiellement surréalistes : Dalí, Ernst, Miró, Tanguy. Artistes, peintres, cinéastes s'y donnent rendez-vous : Jean Cocteau, Abel Gance, Luis Buñuel. En ces années 1920, l'avant-garde est surréaliste. Aussi Mauclaire programme-t-il le film de Buñuel, *L'Âge d'or*, qui provoque un véritable scandale. La salle est vandalisée, l'écran détruit, les tableaux surréalistes lacérés. Le film est interdit. Mauclaire ne peut faire face aux remboursements des places déjà réservées et se voit contraint de fermer son cinéma.

L'établissement est repris en 1932 par Édouard Gross. En partenariat avec la Paramount, il programme des comédies américaines en v.o. : les Marx Brothers, Capra, Fields et tant d'autres films des années 1930 devenus depuis lors des classiques. Mais la guerre met fin à ces activités.

Il faut attendre 1948 pour que les frères Roulleau rachètent le cinéma et le restaurent. Jean Cocteau, parrain avec Abel Gance de la nouvelle salle, voit en elle « la salle des chefs-d'œuvre, le chef-d'œuvre des salles[247] ». La programmation est choisie – Bresson, Buñuel (toujours), Friedrich Feher... –, tandis que le lieu s'ouvre aussi à des expositions de photos ou à des concerts de jazz. Aujourd'hui, l'aventure continue.

7 Rue Tourlaque

Chez Suzanne Valadon et Maurice Utrillo (1883-1890)

Carte 44

Si l'on en croit Suzanne Valadon, son fils Maurice est né le jour de Noël 1883. Drôle de Christ... En fait, il est né le lendemain, vraisemblablement au 8, rue du Poteau[248]. De père inconnu, il porte le nom de sa mère (elle-même née de père inconnu). Lorsqu'il aura sept ans, un ancien amant de sa mère, Miguel Utrillo y Morlius, peintre espagnol vivant à Paris, le reconnaîtra et lui donnera son nom.

Peu après la naissance de Maurice, Marie-Clémentine Valadon vient s'installer ici avec sa mère et son nourrisson. C'est une femme courageuse et entreprenante malgré la dureté de la vie et ses débuts compliqués[249]. Marie-Clémentine, après des études dans une institution religieuse, devient couturière, fleuriste, puis acrobate. Un accident de trapèze la prive toutefois de son gagne-pain. Elle se fait alors modèle de peintre, italianisant son nom en « Maria » (beaucoup de modèles, à l'époque, étaient italiennes). Elle pose pour Puvis de Chavannes – notamment pour *Le Bois sacré*, 1887, où elle fait presque toutes les figures –, pour Henner, Renoir, Degas... et devient parfois leur amante, en particulier du dernier.

En 1886, Toulouse-Lautrec prend un atelier ici ou dans l'immeuble mitoyen et Marie-Clémentine devient son modèle et sa maîtresse. La moquant de poser nue pour de vieux peintres, il la surnomme bibliquement[250] Suzanne, prénom qu'elle adopte pour son art d'abord, puis complètement. Car elle dessine aussi, et même très bien – son premier autoportrait connu date de 1883, l'année de la naissance de son fils. Elle montre ses esquisses au maître, qui les apprécie et les fait passer au sculpteur Bartholomé, lequel les trouve dignes d'être soumises à Degas. Qui aime beaucoup le coup de crayon et encourage : « Vous êtes des nôtres[251]. » La relation entre Toulouse-Lautrec et Suzanne est orageuse, et tourne court. Comme le séjour ici, puisque Suzanne et son jeune fils partent en 1890 pour le 2, rue Cortot (voir p. 118).

Suzanne Valadon et son fils Maurice Utrillo, vers 1890.

La cité des Fusains

22 Rue Tourlaque
Carte 45

Sur le site de l'actuelle cité des Fusains, se trouvaient auparavant les séchoirs d'un ancien lavoir. Rien à voir pourtant avec le fameux Bateau-Lavoir, célébrissime phalanstère d'artistes (voir p. 174) qui n'avait de lavoir que le surnom.

C'est peut-être ici, rue Tourlaque, que se déroule le drame final de *L'Œuvre* de Zola. Son protagoniste, Claude Lantier, peintre moderne d'avant-garde, condensé des figures de Cézanne, Manet et Monet, quitte son atelier de la rue de Douai pour louer un espace assez vaste et y peindre son Grand Œuvre : « C'était un ancien séchoir de teinturier, une baraque de 15 mètres de long sur 10 de large, dont les planches et le plâtre laissaient passer tous les vents du ciel. On lui louait ça 300 francs. » Devant l'incompréhension du public et de ses amis, allant d'échec en échec, il finit par se pendre devant sa toile inachevée. C'est le sort que prévoyait Derain pour son ami Picasso devant *Les Demoiselle d'Avignon*...

La cité a été construite en deux grandes phases. La première commence en 1900 par les travaux menés d'après les plans de l'architecte Robert Bourdeau, avec – comme pour d'autres phalanstères telles la Ruche ou la cité Falguière à

Montparnasse – des matériaux de récupération d'une Exposition universelle, en l'occurrence celle de 1889. La cité ouvre alors non pas rue Tourlaque mais derrière, passage Tourlaque (actuelle rue Steinlen et ancienne rue Fontaine-Saint-Denis, qui s'est aussi appelée, vers 1910, rue Blandan). Les peintres y disposent alors d'une trentaine d'ateliers. À gauche de cette entrée, se trouvait le commissariat des Grandes Carrières. À droite, de 1906 à 1910, c'était André Derain.

Atelier d'André Derain (1906-1910)

Né en 1880 à Chatou, Derain affectionne les paysages de l'Ouest parisien. Fréquentant en 1898-1899 l'académie Camillo de la rue de Rennes, il y fait la connaissance de Matisse. Autre rencontre décisive, un peu plus tard : Vlaminck, son voisin du Vésinet. La légende voudrait qu'ils se soient croisés lors du déraillement d'un train, accident qui n'a visiblement jamais eu lieu[252]. Ces trois artistes seront le trident qui s'enfoncera dans les chairs de la peinture conventionnelle en créant le fauvisme, première avant-garde du XXe siècle.

Le fauvisme a tout d'une explosion : brièveté, force de déflagration et d'irradiation. Le « mouvement » n'a duré qu'environ trois ans mais il a frappé fort avec la fameuse salle VII du Salon d'automne de 1905, où se trouvaient réunis Derain, Matisse, Vlaminck, Camoin, Marquet, Manguin. Au milieu de cette salle où se déchaînent les couleurs vives et pures, une sculpture, petit buste d'enfant, d'Albert Marque ; le critique Vauxcelles glisse à Matisse : « Tiens ! Donatello dans la cage des fauves... » Comme pour l'impressionnisme, et plus tard le cubisme, ce qui voulait être une injure est devenu un baptême.

C'est à l'automne de l'année suivante, après avoir voyagé à Londres – où son galeriste Vollard l'a envoyé – et avoir travaillé pendant l'été à l'Es-

taque à Marseille, qu'André Derain s'installe dans la cité. Il a déjà rencontré Braque, Picasso et André Salmon mais sa présence sur la Butte lui permet de fréquenter plus facilement ses nouveaux amis du Bateau-Lavoir. Son travail impressionne ceux-ci et, s'il a déjà l'admiration de Matisse et de Vlaminck, il peut désormais aussi compter sur les soutiens d'Apollinaire et du Bateau-Lavoir, notamment de Picasso. Si l'image du petit Picasso entouré des colosses que sont Braque, Vlaminck et Derain inspire à Gertrude Stein celle de Napoléon au milieu de ses grenadiers, les deux derniers ne feront pourtant jamais partie de la « bande à Picasso » ; chacun à sa manière sait garder ses distances. Pierre Cabanne pense, et sans doute à juste titre, que l'on a cependant sous-estimé l'influence qu'a pu avoir Derain sur Picasso. Le premier est alors l'un des peintres les plus prometteurs de sa génération. Le second se nourrit de tout, saisit tout et transforme tout. Avec Matisse, Derain a pu être l'un des initiateurs de Picasso à l'art nègre, visitant avec lui le musée du Trocadéro, expérience bouleversante pour l'artiste espagnol, déjà conquis par l'art primitif ibérique. C'est d'ailleurs plutôt l'art océanien qu'africain qu'affectionne d'abord Picasso.

Il s'avère bien difficile aujourd'hui de savoir qui est le véritable « découvreur » de l'art nègre à Paris, l'art nègre englobant alors les arts océaniens. Est-ce Vlaminck qui, par un après-midi de 1905, aurait vu dans un café d'Argenteuil « trois sculptures nègres. Deux statuettes du Dahomey, peinturlurées d'ocre rouge, d'ocre jaune et de blanc. Une autre de la Côte-d'Ivoire, toute noire... » et les aurait acquises contre une tournée générale ? Toujours est-il qu'il les rapporte chez lui puis ajoute bientôt à sa jeune collection « un grand masque blanc et deux superbes statues de la Côte-d'Ivoire[253] ». Derain, subjugué, achète à son ami le masque fang, qu'il accroche chez lui, cité des Fusains. Mais Matisse affirme que Derain possédait déjà une œuvre africaine avant ce masque. Il faut dire que l'artiste, comme quelques autres, a été frappé par la rétrospective Gauguin au Salon d'automne l'année précédente puis par les nègres des collections ethnographiques du British Museum au printemps 1906 : « C'est pharamineux, affolant d'expression », écrit-il à Vlaminck[254].

À peu près à la même époque, Matisse, allant dîner chez les Stein, s'arrête dans une boutique rue de Rennes et fait l'acquisition d'une statuette africaine. Picasso est du dîner. Subjugué par l'objet, il le regarde et le manipule toute la soirée. Le lendemain, le sol de son atelier est jonché d'esquisses africanisantes... Sa visite au musée du Trocadéro est un véritable choc. Quant à Braque, il achète probablement vers 1905 sa première statuette nègre à un ami de son père, au Havre.

Derain fréquente donc Picasso – ce que son ami Matisse voit d'un mauvais œil – mais en maintenant ses distances. Il trace sa route à lui, avec ses angoisses, ses incertitudes... ses éblouissements aussi : « Le fauvisme a été pour nous l'épreuve du feu... Les couleurs devenaient des cartouches de dynamite. Elles devaient décharger de la lumière[255]. »

“ *Le fauvisme a été pour nous l'épreuve du feu... Les couleurs devenaient des cartouches de dynamite. Elles devaient décharger de la lumière.*
André Derain ”

Malgré ses nombreux séjours dans le Midi, Derain travaille dans cet atelier jusqu'à la fin août 1910.

Atelier de Pierre Bonnard (1911-1947)

Bonnard fréquente le quartier depuis longtemps, entre les Batignolles, où il a eu divers ateliers, le bas de la Butte (voir p. 60, 64 et 84) et la Butte elle-même (voir p. 148). Lorsqu'il s'installe ici, en 1911, au milieu de la quarantaine, il a déjà une belle carrière derrière lui. Postimpressionniste à ses débuts, fondateur avec Édouard Vuillard, Maurice Denis, et Paul Sérusier du groupe des nabis, illustrateur d'affiches et de la fameuse *Revue blanche*, Bonnard n'est pas un artiste de rupture ni un peintre de période.

Toute sa vie, il peindra plus ou moins les mêmes sujets : scènes urbaines ou intérieures – intimes, sensuelles – et portraits imprégnés

Affiche pour la *Revue blanche* réalisée par Pierre Bonnard, en 1894.
© DR/Adagp, Paris 2015

d'une ambiance chaque fois particulière. La construction des tableaux est subtile, souvent portée par des jeux de miroirs, et privilégie les perspectives inventives. Dans un même tableau, Bonnard peut traiter intérieur et extérieur en leur conférant la même valeur ; l'un n'est pas l'arrière-fond de l'autre, ni son point de vue prétexte, mais les espaces dialoguent.

À voir le peintre en photo, on peut le prendre pour un petit-bourgeois élégant et conventionnel. L'homme est discret, respectueux et fidèle en amitié – en particulier à Vuillard jusqu'à la mort de celui-ci, ainsi qu'à Matisse, jusqu'à sa propre disparition. Mais est-il fidèle à sa femme ? L'histoire se corse.

Pierre rencontre Marthe en 1893, à la sortie d'un tram, et lui propose de poser pour lui. La petite confectionneuse de fleurs accepte. Ils vivent ensemble, dans une intimité sensuelle dont des tableaux comme *La Sieste* et *L'Indolente*, les multiples scènes au bain ou les photos de nus qu'ils prendront l'un de l'autre dans la nature, en Normandie, donnent une idée. Ayant été auparavant éconduit par sa cousine Berthe à la maison familiale du Grand-Lemps (Jura), Bonnard prend quelque distance avec sa famille, tout en restant très lié à son beau-frère, le compositeur Claude Terrasse, mari de sa sœur. Marthe est pulmonaire et Pierre veille sur elle. Petit à petit, elle l'isole du monde, et notamment de certains de ses amis.

À partir de 1916, l'artiste a une relation avec Lucienne Dupuy de Frenelle, une belle brune qui est aussi la femme de leur médecin de famille. Il la prend pour modèle : c'est elle que l'on voit, nue, devant le miroir du salon dans *La Cheminée* (1916). En 1918, c'est une jeune actrice et amie du couple, Renée Monchaty, avec laquelle il a une liaison. Là encore, il la peint souvent – notamment dans *Jeunes femmes au jardin*, commencé en 1921 et repris vers 1945. Il part avec elle à Rome en 1921. Certains évoquent un ménage à trois, mais aucune preuve ne vient étayer ces allégations ; l'affaire est encore nébuleuse. Marthe reste, de toute façon, la femme de sa vie et sa muse. En 1925, Pierre et Marthe se marient dans le secret. À sa grande surprise, il découvre alors qu'elle se nomme en vérité Marie Boursin, qu'elle est berrichonne et possède de la famille – sa mère et une sœur à Paris. Il l'épouse tout de même et conserve son secret avec elle. De son côté, Renée se suicide quelques semaines après le mariage.

Tenant peu en place, voyageant beaucoup, Bonnard structure sa vie autour de trois lieux principaux : ici, à Paris, notamment dans cet atelier qu'il conservera toujours, ainsi qu'en Normandie et dans le Midi. Après avoir été ébloui par la lumière du Sud, goûtée à Saint-Tropez et dans d'autres sites de la Côte d'Azur, il se fixe après son mariage avec Marthe/Marie au Cannet, dans une villa sur les hauteurs dans laquelle il fait aménager un atelier. Pendant la majeure partie de sa vie, Bonnard ne cessera de voyager entre la Normandie, le Midi et Paris. Il y cherche différentes qualités de lumière : celle du Nord, changeante, avec les nuances vertes de sa mer ; l'autre, implacable et crue de la Côte d'Azur et sa Méditerranée bleu et violet ; enfin, les infinies nuances des gris parisiens. Bonnard a la particularité de peindre sans cadre, sans chevalet, découpant largement les toiles et les punaisant au

> *« Quel charmant spectacle de voir ce monde des travailleurs s'échappant de la gare, comme les abeilles d'une ruche. Ils courent à leur grain... »*
> Pierre Bonnard

mur. Ainsi, il lui suffit de les décrocher du mur et de les attacher sur le toit de sa voiture pour continuer à y travailler dans l'un de ses ateliers. Celui de Paris n'est pas le plus utilisé. Dans les dernières années, il lui sert davantage de dépôt, mais il y travaille aussi à l'occasion.

Un an avant sa mort, Bonnard loue, comme il l'a souvent fait, une chambre d'hôtel face au square proche de la gare Saint-Lazare. Il y observe les gens qui passent, courent, s'activent : « Quel charmant spectacle de voir ce monde des travailleurs s'échappant de la gare, comme les abeilles d'une ruche. Ils courent à leur grain, ils vont chercher leur pâture. Pour un homme d'âge comme moi, ces allées et venues deviennent touchantes, elles assument une certaine grandeur. Du haut de mon balcon, ils ne dépassent pas la taille d'un insecte, ils sont dépersonnalisés, mais un symbole de la force laborieuse. Je les vois le matin, ils coulent d'une fourmilière pour retourner le soir en longs cortèges... Je puis imaginer qu'ils rapportent le butin de leur journée en rejoignant leurs alvéoles... Brave petit peuple, je l'aime de tout mon cœur[256]. »

Atelier de Joan Miró (1926-1927)

Nombre d'artistes et écrivains ont commencé à quitter la Butte au début de la Première Guerre mondiale pour aller à Montparnasse. Quelques exceptions sont toutefois notables chez les surréalistes, notamment Breton et Miró. Ce dernier vit jusqu'en 1926 rue Blomet puis quitte Montparnasse et vient s'établir ici : « Je louai un atelier au 22 de la rue Tourlaque, villa des Fusains, où ont habité Toulouse-Lautrec et André Derain et où Pierre Bonnard a encore son atelier. À cette époque, il y avait là Paul Éluard, Max Ernst, un marchand belge de la rue de Seine, Goemans, René Magritte, Arp. Je mis sur la porte une pancarte que j'avais trouvée dans une boutique : TRAIN PASSANT SANS ARRÊT. Ça marchait mieux, mais c'était encore assez dur. Une fois, avec Arp, nous avons déjeuné de radis au beurre. Dès que ce fut possible, je pris un plus grand atelier dans la même villa, au rez-de-chaussée, mais je ne le gardai pas longtemps[257]. » Il semble en effet qu'il ne soit resté qu'une seule année ici.

30 Avenue Trudaine

Auberge du Clou

Carte 46

Ouverte en 1883, cette auberge est l'une des plus anciennes de Paris ; son décor n'a semble-t-il pas changé. Le nom vient du fait que les peintres mettaient « au clou » (en gage) leurs tableaux afin de pouvoir se payer de quoi manger. Bon nombre d'entre eux ont fréquenté cet endroit ; on raconte qu'Utrillo venait boire ici en sortant du collège… Mais où n'a-t-il pas bu ?

La principale vedette est sans doute Courteline, qui vient tous les jours, pendant des années, jouer aux cartes, observer la foule et la sottise humaine. Il invente d'ailleurs le « conomètre », tube de verre gradué empli d'alcool coloré destiné à mesurer la stupidité de celui qui y touche. Un complice caché souffle dans le tube en caoutchouc qui y est relié et, selon un code convenu, augmente ou non la dose de sottise. Observatoire privilégié, atelier de son écriture, ce lieu est bien sûr aussi un débit de boissons : Courteline y consomme le « précipité », mélange que l'on imagine explosif de Pernod et d'anisette.

Intérieur de l'Auberge du Clou, vers 1905.

Adolphe Willette, vers 1905.

20 Rue Véron

Atelier d'Adolphe Willette (1882-1887)

Carte 47

L'artiste s'installe ici en 1882 avec son frère, le docteur Willette. Prolifique, il peint des fresques, des vitraux, dessine cartes postales ou affiches publicitaires, illustre des livres (notamment de Victor Hugo) et, en échange d'un repas, des menus de brasserie. Aussi éloigné de l'académisme que de la mode et de toute avant-garde, il méconnaît son temps, ignorant superbement les avancées des impressionnistes, par exemple. Sa palette n'est d'ailleurs pas d'une grande richesse ; il délaisse peu à peu la peinture pour le dessin. Par ailleurs, il décorera de nombreux bistrots et cabarets de Montmartre : l'Auberge du Clou, la Cigale, le hall du Bal Tabarin et le Moulin Rouge. Il a également décoré une salle de l'Hôtel de Ville de Paris.

La date de son départ d'ici est peu sûre (Willette a souvent déménagé) mais ne saurait être postérieure à l'année 1887.

Notes

1 Lucien Jerphagnon, *Laudator temporis acti : c'était mieux avant,* Paris, Tallandier, 2007.

2 Cité *in* Philippe Mellot, *La Vie secrète de Montmartre,* Paris, Omnibus, 2008, p. 13.

3 *Ibid.*

4 Cité *in* Rodolphe Trouilleux, *Montmartre des écrivains,* Paris, Bernard Giovanangeli éditeur, 2005, p. 54.

Le boulevard de Clichy et ses affluents

5 Jeanne Fevre, sa nièce, citée *in* Frédéric Gaussen, *Guide des peintres à Paris,* Paris, Éd. du Patrimoine, 2010, p. 100.

6 Fernande Olivier, *Picasso et ses amis,* Paris, Pygmalion, 2001, p. 177-178.

7 *Ibid.*

8 Pierre Daix, *Picasso,* Paris, Hachette Littératures, « Pluriel », 2009, p. 160.

9 Chez Uhde à Montparnasse, des œuvres prêtées par un collectionneur, ou à Londres, Munich, New York… « Les peintres à qui j'achetais, d'accord avec moi, n'exposaient plus dans les Salons, dans aucun Salon : nous ne faisions pas non plus d'exposition à la rue Vignon. Je me contentais d'accrocher les tableaux. Vous comprenez, les peintres travaillaient tranquillement ; je leur avançais l'argent pour qu'ils puissent vivre. Ils apportaient les tableaux, on faisait les comptes, on accrochait les toiles et ceux que ça intéressait venaient voir » : *in* Daniel-Henry Kahnweiler, *Mes galeries et mes peintres. Entretiens avec Francis Crémieux,* Paris, Gallimard, « L'Imaginaire », 2007, p. 54.

10 Guillaume Apollinaire, *Chroniques d'art 1902-1918,* Paris, Gallimard, « Folio », p. 159.

11 *Ibid.*, p. 249.

12 Cité *in* Jean-Yves Le Naour, *Qui a volé la Joconde ?,* Paris, Vendémiaire, 2013, p. 75.

13 Fernande Olivier, *op. cit.*, p. 194.

14 Cité *in* Jean-Yves Le Naour, *op. cit.*, p. 91.

15 La Section d'or, souvent appelée aussi groupe de Puteaux, a été formée en 1911 sous l'impulsion de l'artiste Jacques Villon. Ce groupe se situe dans la mouvance du cubisme et l'on y trouve aussi ses frères Raymond Duchamp-Villon et Marcel Duchamp, ainsi que Gleizes, Metzinger, Picabia, Léger…

16 Citée *in* Frédéric Gaussen, *op. cit.*, p. 102.

17 Stéphan Lévy-Kuentz, *Pascin,* Paris, Éd. de la Différence, 2009, p. 154.

18 Cité *in ibid.*, p. 158.

19 *Ibid.*, p. 154.

20 André Salmon, *Souvenirs sans fin,* Paris, Gallimard, 2004, p. 977.

21 Cité *in* Stéphan Lévy-Kuentz, *op. cit.*, p. 259.

22 Aïcha, dans « Pascin, l'oublié », *in* Jean-Marie Drot, *Les Heures chaudes de Montparnasse,* Paris, Musée du Montparnasse, 2007, p. 170.

23 Cité *in* Stéphan Lévy-Kuentz, *op. cit.*, p. 267.

24 Le cloisonnisme est un mouvement créé par le peintre Louis Anquetin en cette année 1886 qui consiste à isoler les formes en les délimitant par un trait plus foncé. On peut dire que le japonisme, tout autant que l'art du vitrail et les arts primitifs, ont joué un rôle dans son élaboration.

25 Victor Crastre, *Le Drame du Surréalisme* (1963), cité sur le site www.lettresvolees.fr/queneau/lieux4.html.

26 Philippe Soupault, *Mémoires de l'oubli.* t. 2, 1923-1926, Paris, Lachenal & Ritter, 1986, p. 149.

27 Georges Montorgueil dans *Paris dansant*, cité *in* Jean-Paul Caracalla, *Montmartre. Gens et légendes*, Paris, La Table ronde, « Petite vermillon », 2012, p. 87-88.

28 Roland Penrose, *Picasso*, Paris, Flammarion, « Champs », 1996, p. 86.

29 Francisco Iturrino-Gonzalez (1864-1924) est arrivé à Paris en 1895. Lorsqu'il expose avec Picasso en 1901, il est bien plus connu que lui. Ils exposeront encore ensemble la même année chez Berthe Weill avec entre autres Nonell. Il fut ami de Matisse et Derain. Certaines œuvres de lui furent récemment exposées à Marseille dans l'exposition « Autour du Bateau-Lavoir ». Voir le catalogue, *Autour du Bateau-Lavoir. Des artistes à Montmartre (1892-1930) à la Méditerranée*, Marseille, Musée Regards de Provence, 2014.

30 Max Jacob cité *in* Roland Penrose, *op. cit.*, p. 93-94.

31 Cité *in* Pierre Daix, *op. cit.*, p. 55.

32 Henry Miller, *Jours tranquilles à Clichy*, Paris, Christian Bourgois Éditeur, 1991, p. 10.

33 Edmond de Goncourt, *Journal*, 13 février 1874, cité *in* Frédéric Gaussen, *op. cit.*, p. 54-55.

34 Le rôle joué par Nadar dans l'histoire n'est pas très sûr ; ce qui l'est, en revanche, c'est qu'il n'a pas participé à l'organisation de l'exposition.

35 Il semble que ce soit ensuite devenu une tradition puisque le fauvisme et le cubisme, notamment, furent ainsi créés à partir d'un terme se voulant méprisant. On retrouve le même phénomène en musique, notamment pour le jazz : c'est toute la puissance d'un mouvement artistique que de pouvoir retourner l'adversité et en faire une force.

36 Edgar Degas, « Je veux regarder par le trou de la serrure », Paris, Mille et une nuits, 2012, p. 55. Bien qu'ami avec eux, Degas tenait parfois des propos virulents sur la peinture de plein air : « Si j'étais le Gouvernement, j'aurais une brigade de gendarmerie pour surveiller les gens qui font du paysage sur nature... » (*ibid.*, p. 54).

37 *Dictionnaire des grands peintres*, Paris, Larousse, 1988, article « Degas ».

38 Émile Bernard, « Julien Tanguy dit le "père Tanguy" », Paris, *Le Mercure de France*, n° 276, 16 décembre 1908, p. 611.

39 *Ibid.*, p. 605.

40 *Ibid.*

41 Paul Alexandre cité *in* Christian Parisot, *Modigliani*, Paris, Gallimard, « Folio biographies », 2005, p. 115.

42 Cité *in* Herbert Lottman, *Amedeo Modigliani, prince de Montparnasse*, Paris, Calmann-Lévy, 2005, p. 71.

43 Voir la reproduction de la carte *in Modigliani inconnu*, Paris, Albin Michel, 1993, p. 57. Les crochets indiquent un mot illisible.

44 André Warnod, *Fils de Montmartre*, Paris, Librairie Arthème Fayard, 1955, p. 75-76.

45 Cité *in* Christian Parisot, *op. cit.*, p. 122.

46 *Ibid.*, p. 123.

47 *Ibid.*, p. 124.

48 Cité *in* Antoine Terrasse, *Bonnard. « La couleur agit »*, Paris, Gallimard, « Découvertes », 2012, p. 57.

49 Voir Nicholas Watkins, *Bonnard*, Paris, Phaidon, 2003, p. 99.

50 *Ibid.*, p. 109.

51 Cité *in* Antoine Terrasse, *op. cit.*, p. 30.

52 Marie-Sophie-Olga-Zénaïde Godebska, née à Saint-Pétersbourg le 30 mars 1872, est la fille du sculpteur polonais Cyprian Godebski et de Sophie Servais, fille d'un violoncelliste belge. Arrivée à Paris vers 1882, pianiste très douée (Fauré lui aurait trouvé des élèves), elle brille par sa beauté et son charisme. En 1893, elle épouse Thadée Natanson et fréquente la haute société parisienne : Mallarmé, Proust, Satie, Coco Chanel, Cocteau, Ravel, Serge Lifar. Tout le monde l'appelle Misia et on la surnomme la « reine de Paris ». Fatiguée de sa vie avec Thadée, sûrement pas assez riche pour elle, elle divorce en 1904 pour épouser, au début de l'année suivante, le richissime patron de presse Alfred Edwards. Quatre ans plus tard, toutefois, ils divorceront. Elle rencontre l'artiste José Maria Sert, qu'elle épousera en 1920. Il la quittera quelques années plus tard et le divorce, prononcé en 1927, marquera le début de son déclin. Elle meurt à Paris le 15 octobre 1950.

53 Au cours d'une conversation avec le critique François Thiébault-Sisson en 1897, Degas lui confie qu'il sculpte depuis plus de trente ans, de façon irrégulière, pour l'aider à rendre la « sensation de la vie ». Voir « Degas sculpteur raconté par lui-même », *in* Edgar Degas, *op. cit.*, p. 33-38.

54 Julien Gracq, *En lisant, en écrivant,* Paris, José Corti, 1991, p. 249.

55 André Breton, « Lâchez tout », *in Œuvres complètes,* t. I, Paris, Gallimard, « Bibliothèque de la Pléiade », 1988, p. 262.

56 Julien Gracq, *op. cit.*, p. 249.

57 Cité *in* Frédéric Gaussen, *op. cit.*, p. 172.

58 Jean-Marc Debenedetti, *in* André Roussard, *Dictionnaire des peintres à Montmartre,* Paris, Éd. André Roussard, 1999, p. 607.

59 Cité *in* Frédéric Gaussen, *op. cit.*, p. 206.

60 Cité *in* Bernard Fauconnier, *Cézanne,* Paris, Gallimard, « Folio biographies », 2013, p. 239.

61 *Ibid.*, p. 240.

62 Cité *in* Frédéric Gaussen, *op. cit.*, p. 348.

63 Voir Jean-Paul Caracalla, *op. cit.*, p. 75.

64 Cité *in* Rodolphe Trouilleux, *op. cit.*, p. 28.

65 Selon André Velter dans son excellente préface au recueil *Les Poètes du Chat Noir,* Paris, Gallimard, « Poésies », 2012, p. 12.

66 Cité *in* Rodolphe Trouilleux, *op. cit.*, p. 27.

67 Cité par Émile Goudeau *in ibid.*, p. 30.

68 Émile Goudeau, cité *in ibid.*

69 André Velter, *op. cit.*, p. 13.

70 *Ibid.*, p. 15.

71 *Ibid.*

72 *Ibid.*, p. 17.

73 *Ibid.*

74 Adolphe Willette (1857-1926) a décoré de nombreux bistrots et cabarets de Montmartre : l'Auberge du Clou, la Cigale, le hall du Bal Tabarin et le Moulin Rouge. Il a également décoré une salle de l'Hôtel de Ville de Paris. Voir sa notice, p. 229.

75 En 1844 selon Frédéric Gaussen, *op. cit.*, p. 27 et en 1852 pour André Roussard, *op. cit.*, p. 544.

76 Cité *in* Rodolphe Trouilleux, *op. cit.*, p. 34-35.

77 En langage héraldique, chat noir sur fond d'or.

78 Rodolphe Trouilleux, *op. cit.*, p. 35.

79 Henri Pille (1844-1897), dessinateur et peintre, surtout connu pour ses portraits, fut président de la Société des dessinateurs-illustrateurs. Entre autres journaux, il participa au *Chat Noir*. Il vécut notamment au 35, boulevard de Rochechouart (voir p. 87).

80 Maurice Donnay, *Autour du Chat Noir,* Paris, Grasset, « Cahiers rouges », 2013, p. 21.

81 Écrivant un livre sur le théâtre d'ombres, Paul Eudel obtient les secrets de Rivière pour ces subtiles élaborations : voir Philipp Dennis Cate, « Autour du Chat Noir », *in Autour du Chat Noir. Arts et plaisirs à Montmartre 1880-1910,* Paris, Skira-Flammarion/Musée de Montmartre, 2012, p. 29.

82 *Ibid.*

83 Cité *in* Rodolphe Trouilleux, *op. cit.*, p. 36.

84 *Ibid.*, p. 37.

85 Maurice Donnay, *op. cit.*, p. 34.

86 Un recueil de ses lettres et de propos rapportés s'intitule précisément : *Je veux regarder par le trou de la serrure,* Paris, Mille et une nuits, 2012.

87 Vincent Van Gogh, *Lettres à son frère Théo,* Paris, Grasset, 1986, p. 152-153 (lettre 448).

88 Un biographe de Van Gogh nous révèle que « ses élèves remuants ne lui accordaient qu'un seul titre de gloire : celui d'avoir trois maîtresses en même temps ».

89 Cité *in* David Haziot, *Van Gogh,* Paris, Gallimard, « Folio », 2014, p. 237.

90 Cité *in* Jean-Paul Caracalla, *op. cit.*, p. 93.

91 Cité *in* Frédéric Gaussen, *op. cit.*, p. 449.

92 *Ibid.*

93 *Ibid.*

94 *Ibid.*

95 Daniel Halévy écrit dans son journal, à la date du 1er janvier 1891 : « Degas entre définitivement dans notre famille. » Il écrira plus tard un ouvrage, *Degas parle,* réédité en 1996 aux Éditions de Fallois.

96 Forain et Caran d'Ache créent, pendant l'affaire Dreyfus, une petite revue de quatre page, *Psst!*, caricaturant notamment Zola, défendant l'armée française et attaquant ouvertement Dreyfus et les juifs, notamment par une petite bande dessinée montrant Dreyfus et l'Allemand Jacob trafiquant un drapeau français. Voir notamment : http://ecrits-vains.com/bd/dreyfus/dreyfus.htm, ou l'article « L'esprit antisémite » de Philippe Dagen dans *Le Monde* du 12 mars 2011.

La butte Montmartre

97 Cité *in* Frédéric Gaussen, *op. cit.*, p. 82.

98 Jean Renoir, *Pierre-Auguste Renoir, mon père*, Paris, Gallimard, « Folio », 2012, p. 408.

99 *Ibid.*, p. 408-409.

100 *Ibid.*, p. 215.

101 Cité *in* Frédéric Gaussen, *op. cit.*, p. 113.

102 *Georges Braque*, catalogue de l'exposition, Paris, RMN, 2013, p. 269.

103 Cité *in* Alex Danchev, *Georges Braque. Le défi silencieux*, Paris, Hazan, 2013, p. 57. Braque ne nous en dit pas plus sur sa réaction.

104 Alex Danchev, *op. cit.*, p. 58. Notons qu'Apollinaire, pourtant présent, n'a jamais rien dit ou écrit sur cette scène, qui fait pourtant basculer la peinture occidentale…

105 Cité *in* Jeanine Warnod, *Le Bateau-Lavoir*, Paris, Les Presses de la Connaissance, 1975, p. 94.

106 Cité *in* Lauriane Manneville, « Chronologie », *in* catalogue *Georges Braque, op. cit.*, p. 271.

107 André Salmon, cité *in* Lauriane Manneville, *ibid.*, p. 272.

108 Voir Pierre Daix, *op. cit.*, p. 41.

109 Daix précise qu'il s'agit d'une « belle somme à l'époque où on pouvait louer un atelier pour 15 francs par mois » (*ibid.*, p. 43).

110 Henri Godard, *Céline*, Paris, Gallimard, « Biographies », 2011, p. 313.

111 Henri Godard note que Céline ne publie pas de texte ouvertement collaborationniste dans cette presse. Il refuse par exemple d'écrire un article pour *La Gerbe*, mais y envoie une lettre qui sera publiée, tronquée, présentée comme un article, ce qui provoque l'ire de l'écrivain.

112 Henri Godard, *op. cit.*, p. 356.

113 Gérard de Nerval, « Promenades et souvenirs : la Butte Montmartre », *in Œuvres complètes*, t. III, Paris, Gallimard, « Bibliothèque de la Pléiade », p. 667-670.

114 Jean Renoir, *op. cit.*, p. 307.

115 *Ibid.*, p. 307-308.

116 *Ibid.*, p. 308.

117 Berthe Weill, *Pan! Dans l'œil! ou trente ans dans les coulisses de la peinture contemporaine, 1900-1930*, Paris, L'Échelle de Jacob, 2009, p. 87.

118 Selon son biographe Jacques Lambert, *Gen Paul. Un peintre maudit parmi les siens*, Paris, La Table ronde, 2007, p. 67.

119 À la fois à cause des effets très nocifs dus au méthanol qu'elle contient, et pour lutter contre le fléau de l'alcoolisme, l'absinthe fut interdite en France du 16 mars 1915 au 18 mai 2011.

120 En 1901 selon André Roussard, *op. cit.*

121 Cité *in* Jean-Paul Crespelle, *Montmartre vivant*, Paris, Hachette, 1964, p. 71.

122 Gino Severini, cité *in* Christian Parisot, *op. cit.*, p. 91.

123 Cité *in* Frédéric Gaussen, *op. cit.*, p. 256.

124 David Haziot, *op. cit.*, p. 244.

125 *Ibid.*, p. 247.

126 Propos rapporté par son fils Lucien et cité *in ibid.*, p. 253.

127 Cité *in* Rodolphe Trouilleux, *op. cit.*, p. 101.

128 Henri Godard, *op. cit.*, p. 135-136.

129 *Ibid.*, p. 136.

130 Cité *in ibid.*, p. 143.

131 Louis-Ferdinand Céline, *Lettres à Joseph Garcin (1929-1938)*, Paris, Écriture, 2009, lettre du 21 mars 1930, p. 16.

132 *Ibid.*, lettre du 1er septembre 1929, p. 14.

133 Louis-Ferdinand Céline, *Lettres*, Paris, Gallimard, « Bibliothèque de la Pléiade », 2009, avril 1932, p. 308.

134 *Ibid.*, lettre du 2 juin 1939 à Lucienne Delforge, p. 580.

135 Cité *in* Jacques Lambert, *op. cit.*, p. 40.

136 Les médecins n'ont pas d'anesthésique et redoutent les atroces souffrances d'une amputation à vif. Sur les instances de sa mère, « il sera sanglé sur une table d'opération. Des médecins s'efforcent de lui faire avaler une rasade d'alcool et lui injectent une forte dose de morphine avant qu'un chirurgien, requis d'urgence, sectionne méticuleusement le membre à quelques centimètres de l'aine » (*in ibid.*, p. 53).

137 Cité *in* André Roussard, *Dictionnaire des lieux à Montmartre*, Paris, Éd. André Roussard, 2001, p. 73.

138 Cité *in* Christian Parisot, *op. cit.*, p. 92.

139 *Ibid.*, p. 93.

140 André Warnod, *op. cit.*, p. 85-86.

141 *Ibid.*

142 Cité *in* Rodolphe Trouilleux, *op. cit.*, p. 97.

143 *Ibid.*

144 Soulignons que plusieurs artistes étrangers de Montmartre ou Montparnasse sont arrivés un 14 juillet à Paris : Soutine en 1912, Man Ray en 1921, notamment.

145 Jean-Paul Crespelle, *op. cit.*, p. 65.

146 Interview donnée à André Perruchot, citée *in ibid.*, p. 69.

147 Voir le site : www.montmartre-secret.com/article-le-cabaret-de-la-belle-gabrielle-utrillo-90823684.html.

148 Cité *in* Simon Epstein, *Un paradoxe français*, Paris, Albin Michel, 2008, p. 127. L'article a disparu. Marcel Aymé n'a pas aimé que Jeanson célèbre par la suite son « extraordinaire courage ».

149 « L'autre fois, ce fut à Montmartre, Borine [René Zazzo] m'attendait avec Adrien [Joliot] sur un banc de l'avenue Junot. Ils me suivirent de loin jusqu'à la place du Tertre où je pris en charge Debré et Wallon et j'emmenai le précieux trio chez Marcel Aymé, rue Paul-Féval. Je connaissais l'écrivain depuis ma jeunesse montmartroise et sa réputation (fausse), due à des relations d'amitié avec des collaborateurs de *Je suis partout*, était une excellente garantie de sécurité. La réunion se tint dans le bureau où Marcel Aymé écrivait, il s'était éclipsé discrètement après avoir rangé ses manuscrits et chassé son gros chat Alphonse, qui sommeillait sur la table de son maître. » Cité sur le site de la Société des amis de Marcel Aymé, http://marcelaymel.free.fr

150 Cité *in* catalogue *Autour du Bateau-Lavoir*, *op. cit.*, p. 108.

151 *Ibid.*

152 Max Jacob, « Récit de ma conversion », *in Œuvres*, Paris, Gallimard, « Quarto », 2012, p. 47.

153 Cité dans la chronologie *in ibid.*, p. 46.

154 Jeanine Warnod, *op. cit.*, p. 14.

155 Jean-Paul Crespelle, *La Vie quotidienne à Montmartre au temps de Picasso*, Genève, Éd. de Crémille, 1993, p. 78.

156 Jeanine Warnod, *op. cit.*, p. 9.

157 Daniel-Henry Kahnweiler, *op. cit.*, p. 51.

158 Jeanine Warnod, *op. cit.*, p. 26.

159 Roland Dorgelès, *Bouquet de bohème*, Paris, Albin Michel, « Bibliothèque Albin Michel », 1989, p. 109. Et Dorgelès de partir dans une diatribe : « Quelque milliardaire l'a certainement dans sa collection [...]. Il pourra raconter l'anecdote à ses invités, qui seront ravis [...]. Car la misère est très bien vue, en art. Il suffit de fixer un certain délai. Le temps que la peinture soit sèche, et les boyaux remplis. »

160 Jean-Paul Crespelle, *La Vie quotidienne...*, *op. cit.*, p. 84.

161 *Ibid.*, p. 78.

162 Roland Dorgelès, *op. cit.*, p. 49.

163 Cité *in* Jeanine Warnod, *op. cit.*, p. 23.

164 Cité *in ibid.*, p. 30.

165 « Il faut se défaire de l'idée qu'il a existé une "période rose". L'appellation a fait mouche, mais elle date du temps des reproductions en noir. » Argument peu convaincant, puisque les contemporains de Picasso, ceux qui allaient le voir à l'atelier, ne voyaient pas en noir... Mais il poursuit : « À vingt-trois ans et demi, quand Picasso repart à la conquête de Paris, il reste dans les thèmes du malheur. Il y aura même un suicide : *Le Pendu.* » (Pierre Daix, *op. cit.*, p. 69).

166 Ainsi qu'elle l'affirme elle-même dans ses *Souvenirs intimes*, cités ici par Hélène Klein *in* Fernande Olivier, *op. cit.*, p. 29, note 1.

167 *Ibid.*, p. 50.

168 *Ibid.*, p. 50-51.

169 Citée *in* Pierre Daix, *op cit.*, p. 74.

170 Fernande Olivier, *op. cit.*, p. 41.

171 Roland Dorgelès, *op. cit.*, p. 105.

172 Fernande Olivier, *op. cit.*, p. 41-42.

173 *Ibid.*, p. 51.

174 André Salmon, *op. cit.*, p. 180.

175 Daniel-Henry Kahnweiler, *op. cit.*, p. 51.

176 André Salmon, *op. cit.*, p. 178.

177 On a longtemps situé cette rencontre fin octobre 1904, mais la récente biographie du poète suit les arguments de Hélène Seckel et Peter Read qui la placent à la mi-février 1905. Voir Laurence Campa, *Guillaume Apollinaire*, Paris, Gallimard, « Biographies », p. 178.

178 Guillaume Apollinaire, *Le Poète assassiné*, cité *in ibid.*, p. 178.

179 André Salmon, *L'Air de la Butte*, Paris, Arcadia, 2009, p. 17.

180 *Ibid.*, p. 17.

181 *Ibid.*, p. 45.

182 Plusieurs lui reprochent cette fougue qui l'a parfois aveuglé, sous-estimant Braque, par exemple, tout en surestimant sa maîtresse Marie Laurencin. Certains n'hésitent pas à dire qu'il ne comprenait rien à la peinture... Sévère jugement !

183 Une fois encore, la date est incertaine. Certains situent la rencontre en mars 1905, à cause d'une note de Henri-Pierre Roché, mais je suis Pierre Daix qui affirme que la rencontre a eu lieu à l'automne, sans doute en raison du fait que Sagot a fait reproduire le tableau « sous le titre *Fleur de pavé* dans le *Courrier français* du 2 novembre 1905 » (Pierre Daix, *op. cit.*, p. 87). Fernande croit que Picasso et les Stein se sont rencontrés chez Sagot, mais la version Roché, selon plusieurs témoignages, est la plus vraisemblable.

184 Henri-Pierre Roché (1879-1959) est une figure du Tout-Paris, et plus particulièrement de Montparnasse. Ami intime de Marcel Duchamp (avec lequel ils échangent volontiers les femmes), de Brancusi et de Man Ray, notamment, il écrira nombre d'articles sur la peinture et sera pendant plusieurs années l'acheteur attitré de John Quinn, collectionneur américain rival de Barnes. Il lui fera acquérir des Picasso, Brancusi, Marie Laurencin, parmi tant d'autres. Sa vie et ses romans inspireront quelques films célèbres de Truffaut : *Jules et Jim* ou *L'Homme qui aimait les femmes.*

185 Fernande Olivier, *op. cit.*, p. 66.

186 Nadine Satiat, *Gertrude Stein*, Paris, Flammarion, 2010, p. 172-173. Nadine Satiat se base sur la version de Leo, publiée des années plus tard dans *Appreciation : Painting, Poetry and Prose* (1947) et critique la propension de l'écrivaine à effectuer certains petits « arrangements » avec la vérité dans son *Autobiographie d'Alice Toklas.*

187 Fernande Olivier, *op. cit.*, p. 115.

188 Gertrude Stein, *Autobiographie d'Alice Toklas*, Paris, Gallimard, « L'Imaginaire », 2011, p. 57.

189 Gertrude Stein, *Picasso*, Paris, Christian Bourgois Éditeur, « Titre », 2006, p. 20.

190 Pierre Daix, « Les étapes chez Picasso de la découverte du cubisme », *in Picasso cubiste*, Paris, Flammarion, 2007, p. 12.

191 Le Salon d'automne a lieu du 18 octobre au 25 novembre 1905. Dans la fameuse salle VII, trente-neuf tableaux de Matisse, Derain, Vlaminck, Manguin, Camoin et Marquet. Le critique d'art Louis Vauxcelles, réactionnaire et très en vogue, la qualifie de « cage aux fauves ». Un peu plus tard, il traitera par dérision les expériences en cours de Braque et Picasso de « cubisme » (à la suite d'une réflexion qu'aurait faite Matisse).

192 Pierre Daix, *Picasso, op. cit.*, p. 84.

193 Pierre Daix, *Picasso / Matisse*, Neuchâtel, Ides et Calendes, 1996, p. 22.

194 *Ibid.*, p. 25.

195 Pierre Daix, *Picasso, op. cit.*, p. 93.

196 Fernande Olivier, *op. cit.*, p. 167.

197 Pierre Daix, « Chronologie » *in Picasso cubiste, op. cit.*

198 Cité *in* Peter Read, *Picasso et Apollinaire. Les métamorphoses de la mémoire 1905-1973*, Paris, Jean-Michel Place, 1995, p. 88.

199 Roland Penrose, *op. cit.*, p. 159.

200 Cité *in* Peter Read, *op. cit.*, p. 89. Il ajoute par ailleurs, à propos de l'origine du mot « cubisme » : « C'est comme beaucoup de ce qu'a écrit Apollinaire sur l'art, complètement faux. Apollinaire était un admirable poète. Je puis le dire parce que je suis son premier éditeur ; mais d'abord il ne connaissait rien à la peinture » (Daniel-Henry Kahnweiler, *op. cit.*, p. 55.

201 Peter Read, *op. cit.*, p. 89.

202 *Ibid.*, p. 88, note 13.

203 Roland Penrose, *op. cit.*, p. 171.

204 Cité *in* Daniel-Henry Kahnweiler, *op. cit.*, p. 52.

205 Pierre Daix, « Chronologie », *in Picasso cubiste, op. cit.*

206 D'après Hélène Parmelin, Picasso aurait lui-même confié que Fénéon lui aurait dit : « Vous devriez faire de la caricature. » Cité *in* Peter Read, *op. cit.*, p. 92.

207 Cité *in* André Malraux, *La Tête d'obsidienne*, cité *in* Pierre Daix, « Chronologie », *in Picasso cubiste, op. cit.*

208 En 1912, Salmon donne la première version, puis, dix ans plus tard, la seconde, plus collective. Voir Peter Read, *op. cit.*, p. 93 et note.

209 Gertrude Stein, *Autobiographie d'Alice Toklas, op. cit.*, p. 29.

210 Paul Cézanne, lettre du 15 avril 1904 à Émile Bernard, *in Conversations avec Cézanne*, Paris, Macula, 1978, p. 27.

211 Louis Vauxcelles, cité *in* Brigitte Leal, *Cubisme*, Paris, Éd. du Centre Georges-Pompidou, 2012, p. 14. Ce critique réactionnaire se sera distingué en nommant, par la négative, les fauves et les cubistes, en traitant Fernand Léger de « tubiste », en attaquant systématiquement les avant-gardes, notamment Picasso, le traitant de Ubu-Kub, l'accusant d'incarner une entreprise allemande dirigée contre la peinture française… Kahnweiler dut apprécier !

212 Cité *in* Pierre Daix, *Picasso cubiste, op. cit.*, p. 218.

213 Carl Einstein, cité *in* Brigitte Leal, *op. cit.*, p. 21.

214 Daniel-Henry Kahnweiler, *op. cit.*, p. 55.

215 Cité *in* Pierre Daix, *Picasso cubiste, op. cit.*, p. 337.

216 André Salmon, *op. cit.*, p. 442.

217 *Ibid.*, p. 444.

218 Guillaume Apollinaire, « Poème lu au mariage d'André Salmon », *in Œuvres poétiques complètes*, Paris, Gallimard, « Bibliothèque de la Pléiade », 1956, p. 83.

219 Jacqueline Gojard, biobibliographie sur le site andresalmon.org.

220 Guillaume Apollinaire, « Poème lu au mariage d'André Salmon », *op. cit.*, p. 84.

221 Les deux ouvrages sont disponibles chez Gallimard.

222 Daniel-Henry Kahnweiler, *Juan Gris*, Paris, Gallimard, « Folio essais », 1990, p. 23.

223 Dans son ouvrage sur Juan Gris, Kahnweiler rend hommage au travail de Rosenberg, lequel « assuma pendant la guerre – et ce sera son honneur durable – la tâche que je ne pouvais plus remplir : la défense du cubisme. Il le fit dans des circonstances difficiles, étant mobilisé au front » (*ibid.*, p. 38).

224 Lettre citée *in ibid.*, p. 42.

225 De son vrai nom Louis-Alexandre Gosset de Guines, André Gill (nom d'artiste qui lui aurait été soufflé par Nadar), peintre, caricaturiste et chansonnier, publia ses dessins dans diverses revues et journaux, dont *La Rue* (journal de Vallès) ou *Le Charivari*. Communard modéré, alcoolique, fondateur avec Goudeau du Club des hydropathes, il mourut fou à l'hospice de Charenton-Saint-Maurice (tout comme le marquis de Sade) à l'âge de quarante-quatre ans.

226 Selon certaines versions, l'enseigne originale aurait été volée en 1893 et remplacée par une copie réalisée par Osterling. Selon d'autres, c'est elle qui se trouve au musée de Montmartre.

227 Selon Jean Buzelin, dans son livret accompagnant le coffret de quatre disques de chansons et textes du Lapin, disponible sur le site du cabaret : www.au-lapin-agile.com.

228 Roland Dorgelès, *op. cit.*, p. 23-24.

229 Cité par Francis Lacassin dans sa préface à Pierre Mac Orlan, *Le Quai des brumes*, Paris, Gallimard, « Folio », 2007, p. IV.

230 *Ibid.*, p. VIII.

231 Roland Dorgelès, cité *in* Jean Buzelin, livret cité.

232 *Ibid.*

233 Pierre Mac Orlan, *Montmartre*, Paris, Arcadia, 2009, p. 45.

234 Voir Louis Nucéra, *Les Contes du Lapin Agile*, Paris, Gallimard, « Folio », 2010, p. 80-81.

235 Roland Dorgelès, *op. cit.*, p. 231.

236 *Ibid.*

237 *Ibid.*, p. 232. Il existe deux versions connues du texte complet. La première, citée ici ; l'autre se trouve dans la revue *Fantasio*, n° 89 du… 1er avril 1910 ! Se trouve jointe la copie de l'acte du notaire, daté du 11 mars. Dorgelès évoque un manifeste de deux pages, mais nulle copie, s'il en existe, n'a été retrouvée.

238 Précisons que lorsque Lolo, vieillissant, fut envoyé passer une retraite paisible à Saint-Cyr-sur-Morin, il ne supporta pas d'être privé de sa Butte. On le retrouva noyé dans le ruisseau et Dorgelès, comme d'autres, affirme qu'il s'est suicidé.

239 Après cet événement traumatisant, Picasso a peint son ami défunt et a eu, plus tard, une relation avec cette femme. Les versions divergent sur l'attitude de la jeune femme. Modèle, très belle, elle était une amie du groupe de Picasso et le resta après le suicide du jeune artiste, épousant même Ramon Pichot, grand ami de Picasso.

240 Leon John Wesley (1880-1917), sculpteur qui a eu un atelier au Bateau-Lavoir, puis du côté du château des Brouillards, est venu un jour de Noël porter ce Christ au Lapin, où il est toujours. C'est l'une des rares œuvres qu'on lui connaisse, mais une *Femme accroupie* se trouve aussi au Louvre. Il est mort à la guerre en 1917.

241 1 000 francs et une statuette nègre selon Louis Nucéra (*op. cit.*), 5 000 francs selon Jean-Paul Crespelle (*Montmartre vivant*, *op. cit.*, p. 127).

242 André Roussard donne la date de 1905 pour ce rachat *in Dictionnaire des peintres à Montmartre*, *op. cit.*, p. 197.

243 Alice Halicka, entretien d'archive sur Braque, INA, 1971 (voir extrait sur www.ina.fr/video/I13168541).

244 Cité *in* Alex Danchev, *op. cit.*, p. 124.

245 Lauriane Manneville, « Chronologie » *in* catalogue *Georges Braque*, *op. cit.*, p. 277.

246 *Ibid.*

247 Cité *in* André Roussard, *Dictionnaire des peintres à Montmartre*, *op. cit.*, p. 313.

248 Les versions varient, et la copie d'acte de naissance n'est pas très lisible. Il semble tout de même que ce soit bien le 8, quoique Gaussen et Crespelle penchent pour le 3, d'autres encore pour le 10.

249 Le mari de sa mère est mort au bagne pour trafic de faux billets. Marie-Clémentine est née trop longtemps après son départ pour être sa fille, ce qui fait scandale dans la région. Aussi sa mère, lingère, quitte-t-elle la Creuse pour venir à Paris, boulevard de Rochechouart.

250 Voir l'épisode biblique du Livre de Daniel.

251 Cité par Jean-Pierre Valeix *in Valadon, Utrillo*, Paris, Pinacothèque de Paris, 2009, p. 29.

252 « L'historien Charles Chassé a pu établir, à partir des archives des chemins de fer de la banlieue ouest, qu'il n'y avait eu aucun déraillement sur la ligne Paris-Saint-Germain à cette époque » (*in* Pierre Cabanne, *André Derain*, Paris, Gallimard, « Folio Essais », 1994, p. 17).

253 Cité *in ibid.*, p. 66.

254 *Ibid.*, p. 67.

255 *Ibid.*, p. 53.

256 Cité *in* Nicholas Watkins, *op. cit.*, p. 204.

257 Joan Miró, « Je rêve d'un grand atelier », *in XXe siècle*, Paris, n° 2, 1938.

Bibliographie

Ouvrages

Noël **Alexandre**, *Modigliani inconnu,* Paris, Albin Michel/Fonds Mercator, 1993.

Guillaume **Apollinaire**, *Chroniques d'art 1902-1918,* Paris, Gallimard, « Folio », 2009.

Guillaume **Apollinaire**, « Poème lu au mariage d'André Salmon » *in Œuvres poétiques complètes,* Paris, Gallimard, « Bibliothèque de la Pléiade », 1956.

Anne **Baldassari**, *Picasso cubiste,* Paris, Flammarion, 2007.

André **Breton**, « Lâchez tout », *in Œuvres complètes* t. I, Paris, Gallimard, « Bibliothèque de la Pléiade », 1988.

Sylvie **Buisson** et Christian **Parisot**, *Paris Montmartre,* Paris, Terrail, 2004.

Pierre **Cabanne**, *André Derain,* Paris, Gallimard, « Folio Essais », 1994.

Laurence **Campa**, *Guillaume Apollinaire,* Paris, Gallimard, « Biographies », 2013.

Jean-Paul **Caracalla**, *Montmartre. Gens et légendes,* Paris, La Table ronde, « Petite vermillon », 2012.

Francis **Carco**, *L'Ami des peintres,* Paris, Albin Michel, 1944.

Francis **Carco**, *La Légende et la vie d'Utrillo,* Paris, Grasset, 1928.

Louis-Ferdinand **Céline**, *Lettres à Joseph Garcin (1929-1938),* Paris, Écriture, 2009.

Louis-Ferdinand **Céline**, *Lettres,* Paris, Gallimard, « Bibliothèque de la Pléiade », 2009.

Pierre **Courthion**, *Montmartre,* Genève, Skira, « Le goût de notre temps », 1956.

Jean-Paul **Crespelle**, *Montmartre vivant, Paris,* Hachette, 1964.

Jean-Paul **Crespelle**, *Utrillo. La bohème et l'ivresse à Montmartre,* Paris, Presses de la Cité, 1970

Jean-Paul **Crespelle**, *La Vie quotidienne à Montmartre au temps de Picasso,* Genève, Éd. de Crémille, 1993.

Pierre **Daix**, *Picasso,* Paris, Hachette Littératures, « Pluriel », 2009.

Pierre **Daix**, *Picasso au Bateau-Lavoir,* Paris, Flammarion, « Histoire d'un jour », 1994.

Pierre **Daix**, « Les étapes chez Picasso de la découverte du cubisme », *in Picasso cubiste,* Paris, Flammarion, 2007.

Pierre **Daix**, *Picasso/Matisse,* Neuchâtel, Ides et Calendes, 1996.

Alex **Danchev**, *Georges Braque. Le défi silencieux,* Paris, Hazan, 2013.

Jean-Marc **Debenedetti**, *in* André Roussard, *Dictionnaire des peintres à Montmartre,* Paris, Éd. André Roussard, 1999.

Cécile **Debray**, *Le Fauvisme,* Paris, Citadelles & Mazenod, 2014.

Edgar **Degas**, *« Je veux regarder par le trou de la serrure »,* Paris, Mille et une nuits, 2012.

Maurice **Donnay**, *Autour du Chat Noir,* Paris, Grasset, « Cahiers rouges », 2013.

Roland **Dorgelès**, *Bouquet de bohème,* Paris, Albin Michel, « Bibliothèque Albin Michel », 1989.

Jean-Marie **Drot**, *Les Heures chaudes de Montparnasse,* Paris, Musée du Montparnasse, 2007.

Dominique **Dupuis-Labbé**, *Les Demoiselles d'Avignon,* Paris, Bartillat, 2007.

Simon **Epstein**, *Un paradoxe français,* Paris, Albin Michel, 2008.

Dan **Franck**, *Les Années Montmartre,* Paris, Mengès, 2007.

Dan **Franck**, *Bohèmes,* Paris, Pocket, 2000.

Bernard **Fauconnier**, *Cézanne*, Paris, Gallimard, « Folio biographies », 2006.

Frédéric **Gaussen**, *Guide des peintres à Paris*, Paris, Éd. du Patrimoine, 2010.

Henri **Godard**, *Céline*, Paris, Gallimard, « Biographies », 2011.

Julien **Gracq**, *En lisant, en écrivant*, Paris, José Corti, 1991.

Juan **Gris**, *Écrits*, Toulon, La Nerhe, 2014.

Paul **Guillaume**, *Les Écrits de Paul Guillaume*, Neuchâtel, Ides et Calendes, 1993.

David **Haziot**, *Van Gogh*, Paris, Gallimard, « Folio biographies », 2007.

Max **Jacob**, « Récit de ma conversion », *in Œuvres*, Paris, Gallimard, « Quarto », 2012.

Alain **Jaubert**, *Palettes*, Paris, Gallimard, « L'Infini », 1998.

Claude **Jeancolas**, *Le Groupe des Batignolles*, Paris, FVW éditions, 2014.

Lucien **Jerphagnon**, *Laudator temporis acti : c'était mieux avant*, Paris, Tallandier, 2007.

Daniel-Henry **Kahnweiler**, *Juan Gris*, Paris, Gallimard, « Folio essais », 1990.

Daniel-Henry **Kahnweiler**, *Mes galeries et mes peintres. Entretiens avec Francis Crémieux*, Paris, Gallimard, « L'Imaginaire », 2007.

Jacques **Lambert**, *Gen Paul. Un peintre maudit parmi les siens*, Paris, La Table ronde, 2007.

Brigitte **Léal**, *Cubisme*, Paris, Éd. du Centre Georges-Pompidou, 2012.

Jean-Yves **Le Naour**, *Qui a volé la Joconde ?*, Paris, Vendémiaire, 2013.

Stéphan **Lévy-Kuentz**, *Pascin*, Paris, Éd. de la Différence, 2009.

Herbert **Lottman**, *Amedeo Modigliani, prince de Montparnasse*, Paris, Calmann-Lévy, 2005.

Pierre **Mac Orlan**, *Le Quai des brumes*, Paris, Gallimard, « Folio », 2007.

Pierre **Mac Orlan**, *Montmartre*, Paris, Arcadia, 2009.

Philippe **Mellot**, *La Vie secrète de Montmartre*, Paris, Omnibus, 2008.

Henry **Miller**, *Jours tranquilles à Clichy*, Paris, Christian Bourgois Éditeur, 1991.

Gérard **de Nerval**, « Promenades et souvenirs : La Butte Montmartre », *in Œuvres complètes* t. III, Paris, Gallimard, « Bibliothèque de la Pléiade ».

Louis **Nucéra**, *Les Contes du Lapin Agile*, Paris, Gallimard, « Folio », 2010.

Fernande **Olivier**, *Picasso et ses amis*, Paris, Pygmalion, 2001.

Christian **Parisot**, *Modigliani*, Paris, Gallimard, « Folio biographies », 2005.

Roland **Penrose**, *Picasso*, Paris, Flammarion, « Champs », 1996.

Olivier **Renault**, *Bonnard, jardins secrets*, Paris, La Table Ronde, « Petite vermillon », 2015.

Jean **Renoir**, *Pierre-Auguste Renoir, mon père*, Paris, Gallimard, « Folio », 2012.

André **Roussard**, *Dictionnaire des lieux à Montmartre*, Paris, Éd. André Roussard, 2001.

André **Roussard**, *Dictionnaire des peintres à Montmartre*, Paris, Éd. André Roussard, 1999.

André **Salmon**, *Souvenirs sans fin*, Paris, Gallimard, 2004.

André **Salmon**, *L'Air de la Butte*, Paris, Arcadia, 2009.

Nadine **Satiat**, *Gertrude Stein*, Paris, Flammarion, 2010.

Gertrude **Stein**, *Autobiographie d'Alice Toklas*, Paris, Gallimard, « L'Imaginaire », 2011.

Gertrude **Stein**, *Picasso*, Paris, Christian Bourgois Éditeur, « Titre », 2006.

Philippe **Soupault**, *Mémoires de l'oubli*. T. 2, 1923-1926, Paris, Lachenal & Ritter, 1986.

Antoine **Terrasse**, *Bonnard. « La couleur agit »*, Paris, Gallimard, « Découvertes », 2012.

Rodolphe **Trouilleux**, *Montmartre des écrivains*, Paris, Bernard Giovanangeli éditeur, 2005.

Vincent **Van Gogh**, *Lettres à son frère Théo*, Paris, Grasset, 1986.

Ambroise **Vollard**, *Souvenirs d'un marchand de tableaux*, Paris, Albin Michel, 2007.

André **Warnod**, *Fils de Montmartre*, Paris, Librairie Arthème Fayard, 1955.

Jeanine **Warnod**, *Le Bateau-Lavoir*, Paris, Les Presses de la Connaissance, 1975.

Nicholas **Watkins**, *Bonnard*, Paris, Phaidon, 2003.

Berthe **Weill**, *Pan ! Dans l'œil ! ou trente ans dans les coulisses de la peinture contemporaine 1900-1930*, Paris, L'Échelle de Jacob, 2009.

Dictionnaire des grands peintres, Paris, Larousse, 1988.

Les Poètes du Chat Noir, Paris, Gallimard, « Poésies », 2012.

Autour du Chat Noir. Arts et plaisirs à Montmartre 1880-1910, Paris, Skira-Flammarion/Musée de Montmartre, Paris, 2012.

Conversations avec Cézanne, Paris, Macula, 1978.

Catalogues

Autour du Bateau-Lavoir. Des artistes à Montmartre (1892-1930) à la Méditerranée, Marseille, Musée Regards de Provence, 2014.

Georges Braque, catalogue de l'exposition, Paris, RMN, 2013.

Esprit Montmartre. Bohemian Life in Paris around 1900, Hirmer/Schirn Kunstahalle Frankfurt, Francfort, 2014.

Modigliani. L'Ange au visage grave, Paris, Skira/Seuil/Musée du Luxembourg, 2002.

Picasso, Léger, Masson. Daniel-Henry Kahnweiler et ses peintres, Lille, LaM, 2013.

Revues

Émile Bernard, « Julien Tanguy dit le "père Tanguy" », Paris, *Le Mercure de France*, n° 276, 16 décembre 1908.

Joan Miró, « Je rêve d'un grand atelier », *in* revue *XXe siècle*, Paris, n° 2, 1938.

Je remercie mes amis Alain Jaubert et Dieter Hornig, fournisseurs de documents, de conseils avisés et d'encouragements.

O. R.

ÉDITION : François Besse & Mathilde Kressmann

AVEC LA COLLABORATION DE Mathilde Bouron

RELECTURE-CORRECTION : Irène Colas & Lucie Fontaine

DIRECTION ARTISTIQUE : Isabelle Chemin

MAQUETTE : Anne Delbende

CARTOGRAPHIE : Aurélie Boissière • www.boiteacartes.fr

PHOTOGRAVURE : Fotimprim

Achevé d'imprimer en France en avril 2015 sur les presses de l'imprimerie SEPEC

ISBN : 978-2-84096-908-2

DÉPÔT LÉGAL : mai 2015